幸せになる光の言波

日本語の「言霊」［ことだま］パワーと光透波［こうとうは］エネルギー

［著］宿谷直晃

目次

推薦の言葉　15
はじめに　19

第一章　時間とは何でしょうか？

時間の不思議さを問う過去・現在・未来の観念に支配されてきた人類

現象界と霊界・神界では時間の観念が違っている　23
宇宙には過去・現在・未来の観念は無い　26
タイムトラベルは可能であるとの見解　27
「時」の字が明かす時間の本質を紹介　29

第二章
新時代の生き方は未来中心
過去・現在に縛られた生き方は間違い
現象界は仮想の世界、時の本質から外れた世界 33
「令和」は霊性に和す、霊主体従の時代です 36
未来の目標を先に決めて、現在を最善に生きて行く 38
新時代の生き方を船の航海に譬えると 39
今までの人類の羅針盤は不完全でした 42
時↓答来↓ 未来を定めて生きて行く 45
第三章
光の言葉は人生の羅針盤
霊性開花の時代は、Ⓐから Ⓑの生き方

「實（まこと）」の文字が明かす宇宙の実体　47
この世の実体は、想念が作り出すイリュージョン　50
想念は現実を生み出す力の源です　51
全ては波動によって生み出されている　54
霊性開花の時代は、Ⓐから Ⓑへの生き方　56

第四章　量子力学、エネルギー論の見地から「意識が現実化する」を考察する

量子物理学が証す心主物従の実験　57
自然界は波動に支配されています　61
地球のリズムに連動している人間の生理機能　61
全ては波動・エネルギーによって生成される　63
エネルギーの実体を光透波理論から読み解く　64

光透波は最小究極の波動・エネルギーとも言えます　67

第五章
光の世界を生み出す「光の言葉」
言葉の波動が意識を生み、意識は現実化する

全ては波動の化身、周波数の多寡によって異なりが生ず　69
大橋正雄氏の波動性科学入門　71
波動が物を生み出すことを証すクラドニ図形や水の結晶　74
「初めに言葉ありき」→「初めに波動ありき」　75
光透波は最小究極、最強の波動です　76
言葉の波動が意識を生み、意識は現実化する　77

第六章

神代の昔、言葉は宇宙から降ろされた言葉によって人類は創造の力を得る

言葉というものを、考えたことがありますか？ 80
人祖の昔、言葉は宇宙のご意図によって人類に与えられた 81
宇宙直結の言葉から、抜け殻の言葉を使うようになった人類 84
言葉は人類にとって尊い不可欠のものです 85
神が人間を自身の似姿として創造された真意とは 86
人間だけが持つ創造する能力の根源には言葉が 87
文化文明の一切は言葉によって生み出される 88
飛行機の発明に隠された言葉の力 90
言葉は両刃の刃、善用し活用する必要があります 92

第七章

霊主体従の時代を迎えて閉じられていた言葉の岩戸が開かれる

霊的に捉えれば、人には送受信機能がある　97
物質世界では、言葉エネルギーの効率が悪い　98
光の言波とは？　100
［光の言波の活用　実践ポイント］　102
［願望実現の実践ポイント］　106

第八章

「光の言葉」実践のポイントを語り合う――（その1）言波のエネルギーで健康・幸福・発展を掴む

光の言波の同志・新井慎一氏の紹介　108

「Happy《ハッピー》にしてくれる言葉」＝「光の言葉」 110
光に心を転換させる具体的な発想 113
光の言葉の実験例 119
光の言葉と共に歩む 124
光の言葉は神様からの贈り物 129

第九章

新時代の道標《みちしるべ》「光透波理論＝命波学」は小田野早秧先生の卓越した能力と探究により誕生

光透波理論（命波学）の祖・小田野早秧 133
小田野先生の略歴と、命波学誕生の流れ 135
「天鏡図」（天を映す鏡の図）が生み出された経緯 138
始めの言葉＝詞、後の言葉＝語 142
一切は波動によって生み出されています 145

言葉の奥の真理こそ人類を救う道標　147
波動の善し悪し＝言葉の善し悪しで、幸不幸が分かれる　148

第十章　「光の言葉」実践のポイントを語り合う——（その2）自ら発する言葉の波動で光へ変えてゆく

苦悩を乗り越える光の言葉　151

第十一章　人間の脳はハード、言葉はOSソフト　言葉が無ければ、人間はただの動物

母語により意識や思考が大きく左右される　171
母音中心の日本語は特異な言葉です　172
日本語の特長は調和の波動を響かせます　175

自然音を言葉のように理解する日本人　178
PCに譬えれば、人間の脳はハード、言葉はOSソフト　180
人間は言葉が無ければ知能や意識を持てぬただの動物　182
霊的視点で捉えると、多くの思考を受信している　184

第十二章　母音中心の日本語ソフトが生み出す我が国の精神性と歴史伝統

世界最古の歴史を誇る日本の国　187
世界的に見て日本は長寿企業が一番多い　189
東日本大震災時に湧き上がった助け合いの行動　190
日本語を習得すると穏やかになるカナダ人留学生　191
英語で喧嘩すると拡大、日本語に切り替えると治まってゆく　192
多くの外国人が称賛する優しい調和に満ちた国民性　193

第十三章 言葉を正せば波動の乱れが治まる
そこに人類が救われる道が開かれる
物・金・エゴの価値観で迷走し、危機に立つ人類 196
言葉の本質に目覚め、波動を変える必要がある 197
私たちには、この時代を克服する責任がある 199
第十四章 「令和」は霊性に和す時代の到来
言葉の原点に返るところに救いの道が
人々は様々な言葉や理論を活用し救済を求めてきた 203
光の言葉は宇宙の真理に立脚した救いの言葉 204
求められるのは夜明けの時代を導く道標 206

政治・経済・社会等の闇が明らかになってゆく　208
既成の権威がことごとく崩壊してゆきます　210
新しい時代の羅針盤こそ言葉＝言波の波動　212

第十五章　宇宙は究極の命の波動によって成立　その波動こそ光透波→言葉に繋がっている

地球・太陽・銀河が真空透明の宇宙に浮いている　215
現代科学の一番の間違いは宇宙空間の捉え方　216
「浮」の文字の奥に秘められた宇宙の実態　218
「裏」の文字の奥に秘められた宇宙の実態　220
「真」の文字の奥に秘められた宇宙の実態　222

第十六章

光透波は宇宙創成の究極の波動
偏物質科学文化の欠点を正す精神科学

物質文化一辺倒の考え方で危機に直面する人類 225
一刻も早く求められる精神科学の台頭 226
医学の面で顕著な違いを表わしている西洋と東洋 227
求められる物心両文化の統合と調和 229
霊的・精神面でも科学性をもった哲理が求められる 230
精神科学性をもった哲理こそ光透波理論 231
急がれる霊性への回帰、光透波はその道標 232

終章　高次元宇宙人からのメッセージ

「私は光、私は愛、私は真実なり」　236
まとめ　238
おわりに　241

カバーデザイン　森瑞（4Tune Box）
本文仮名書体　文麗仮名（キャップス）

―推薦の言葉―

光透波理論には、宇宙の叡智が秘められている

育生会横浜病院院長　医学博士　長堀　優

宿谷直晃先生と初めてお会いしたのは、出雲大神宮（丹波國一之宮・京都府亀岡市）東京支部による神恩感謝祭の席でした。懇親会でたまたま向かい合せとなり、いろいろなお話を伺ううちに、宿谷先生が、言霊研究の分野から、宇宙の摂理を説かれてきたことが分かりました。

そればかりではありません。日本語の言霊を分析することにより、日本人本来の考え方や生き方を探り出し、現代の日本人への重要な提言を続けてこられたことも知るに至ったのです。

私自身、秘められた日本の古代史に関心を抱き、神話の読み解きや全国の神社・遺跡巡りを通じ、古代日本の姿を探求してきました。その経過は、拙著『日

本の目覚めは世界の夜明け』で申し述べた通りですが、宿谷先生とは、かけがえのないこの日本への深い愛情と現状への危機感を共有していることを強く感じたのです。この出会いに感激した私は、それ以来、宿谷先生のご著書や勉強会で学ばせていただくようになりました。

宿谷先生が伝える光透波理論とは、文字の奥に秘められた真意・真理を明らかにしようとする理論です。

先《ま》ず刮目《かつもく》すべきは、言葉を持たない人類が、何故言葉を発明できたのか、という人類史開闢《かいびゃく》以来の根源的な命題の一つに、光透波理論が、明快な答えを提示していることです。光透波理論では、この「初めのコトハ」は創造主より与えられていた、言葉を与えられていたからこそ人間は今日の高度な文化文明を築くことができた、と説いているのです。

宿谷先生も本書の中で指摘されるように、言葉がなければ、脳内の思索はまとまらず、コミュニケーションすらとれません。ですから、言葉という概念を発想することも、創意し発展させていくことも非常に困難であった筈です。だからこそ、大いなる存在より言葉は与えられた、との考えは、たいへんに説得力のある説といえるでしょう。

さらに、光透波理論では、この最初の「コトハ」が降ろされたのは、他ならぬこの日本の地であると説いています。

えっと思うような話ですが、本書をお読みになれば、日本語、さらにはその原初に遡る大和言葉には、言霊と宇宙の叡智が秘められていることが容易に理解されることでしょう。

古代文字の研究が進み、ボリビアで見つかった古代文字やエクアドルの地下都市で発見された碑文が、日本の神代文字で解読できたことが明らかになってきました。このような事実からも、日本に最初の「コトハ」が降ろされたであろうことが実感されてきます。日本語、大和言葉の奥深さには、世界言語の根源にふさわしい風格があるのです。

宿谷先生は、言葉と思考は両輪関係にあり、言葉の影響を受けて思考がチャンネルを選ぶようになると語られています。実は、日本語には、外国の言語には殆ど見られない丁寧語、尊敬語や謙譲語が存在します。言葉と思考が両輪関係にあるなら、複雑な言語体系を持つ日本語が、日本人の思考を深め緻密《ちみつ》にし、さらに情緒に富んだものにしていることは間違いないでしょう。

今の混沌殺伐とした世界情勢の中で、神話を奪われた日本人は、本来の姿を見失い、自信をなくしているように見えます。メディアが競争し、必要以上に繰り返す喧噪《けんそう》により、日本人の不安、落ち着きのなさは増すばかりです。危機に瀕する現代日本の状況を打開する鍵は、日本人本来の精神性を取り戻すことにあると考えます。そのためには、宇宙の叡智を今に伝える日本語をもう一度見直すことが大きな意味を持ってくることでしょう。

本書を通じ、多くの方に、日本語が持つ神秘的なパワーに気付いていただき、日本人が、世界に誇りうるその精神性を復活させるきっかけにしていただきたい、私は切に願っています。

はじめに

令和六年・辰年の新春を誰しもが良い年であるように願って迎えたのですが、早々に、辰＝シン＝震、元旦に能登半島大震災が起き、日本列島に衝撃が走りました。

それで辰年を光透波の字割で読み解いてみることにいたしました。「令和」の年号は本書で詳述してありますが「霊性に和す」の意味が秘められています。その最初の「辰歳」である本年は、「辰」＝「竜」の字であり、「竜」の字は「音」＋「L」の合成文字。「L」には線を面に開く意味があるので「竜」の今年は「音が開く」時を迎えていることを暗示しています。

「音が閉ざされている」文字が「門」の中に「音」が閉ざされている「闇」の字。ですから「音」が開かれる＝「闇」が開かれる。すなわち「闇」から「光」へと一転する「光」の時代へ。辰年の今年は何もかもが闇から光へ激しく揺れ動くことを意味しているのです。

また「音が開かれる」とは「言葉の戸が開かれる」、「言戸（イワト）＝言答」→「岩戸が開かれ」、人々の霊性がますます高まってゆくことを意味しています。今日までの人類の足跡は岩戸＝言戸が閉ざされた「闇の時代」でした。そして人々は体主霊従の物・金・エゴに囚われて対立抗争、戦乱と混乱の歴史を辿ってきたのです。その闇がようやく終焉を迎え、いよいよ霊性主体の共存・調和の時代が開け、待望の光の時代を私たちは迎えたということです。

具象的には今まで闇に隠れて世界の政治・経済・社会・情報・マスメディアを牛耳り、人類を搾取しコントロールし続け、近年ではコロナワクチンに象徴されるように人類の削減を謀り、人々を苦しめ続けてきた元凶である闇の勢力＝ＤＳが、いよいよ崩壊してゆくようになるのです。同時に世界の政治、経済、社会秩序が崩壊し大きな混乱が予想されるのですが、それらは大局観に立てば悲観することでなく、生みの苦しみであることを忘れてはならないのです。

確実に人々が願い求めてきた光の世界、物心調和、共存共栄の時代が開かれてゆくことは間違いないことなのです。ですから私たちは表面上は厳しいことが起きても、何事があっても、何事が起きようとも、ポジティブに受け止めて宇宙のご意図に沿って、明るく希望を燃やし続けて前進してゆくことが求められているのです。

あらゆる創造物の中で神は人間だけに言葉をお与えになられました。「人間」は「人言」。言葉に至ると書いて「至言」、その「至言」→「始原」。そうです、言葉に至ることによって「始原のエネルギー」が発動するようになるのです。宇宙はそのように仕組まれていたということです。その至言への道が光透波の学びということです。

本書は闇から光の時代の道標《みちしるべ》として、音を開く＝言葉を開く、言戸＝岩戸＝言答の哲理＝光透波を紹介し、併せて光の言波の活用と実践のノウハウをお伝えしています。

日本語の言霊、その奥に秘められたエネルギーに目覚めるところに、これからの人類の進むべき活路があるのです。本書によって読者諸兄が光の道を摑まられ、幸福と発展への人生を歩まれることを願う次第です。

令和六年三月吉日

光透波・光の言波研究家　宿谷直晃

第一章

時間とは何でしょうか？ 時間の不思議さを問う過去・現在・未来の観念に支配されてきた人類

現象界と霊界・神界では時間の観念が違っている

皆さん、時というものを考えたことがありますか？ おそらく誰もが、時間には過去・現在・未来があり、地上三次元世界に住む私たち人類は、時の法則によって縛られ、時に制約されて生きてゆかざるを得ないと考えているのではないでしょうか。時は私たち人類を絶対的に支配し続けているものと考えられています。では、その時とはいったいどのようなものなのでしょうか？

世界には数多くの預言書というものがあります。聖書の黙示録を始め日月神示、オアスペ、ノストラダムスの預言、ファティマの預言、ホピ族の預言などの数々の預言書があります。そして多くの霊能者や予言者の言葉、さらに小説やアニメや映画で描かれた未来世界の出来事が、その後に現実に起きている……、このような事例が幾つもあることは否定できない事実のようです。

勿論、100%あたっているわけではありませんが、偶然とは思えないほど数々起きていることは確かなようです。何故？　不思議ですね。予言者・霊能者、作家や漫画家の目には、過去・現在・未来を貫き同時進行している時の実態が映っていたのではないのか？　と思わざるを得ないのです。

それらの中で人類最高の預言書の一つと言われている日月神示の、五十黙示録《いせもくじろく》の中に「地上人には時間が考えられるが神界には時間が無く、神も霊人も時間は知らないのであるぞ。只よろこびがあるのみぞ。時間と申すは、ものの連続の変化、状態の弥栄のことであるぞ」と謎めいたことが書かれています。

また、今日、チャネラーとして稀有なる能力を発揮され、大きくクローズアップされている神人《かみひと》氏の著書『大日月地神示《おおひつくしんじ》』の後巻の六十四で「時の扉開き自在に行き来するお人おるのぞ。他の宇宙、銀河のお人であり、未来のお人でありますぞ。時間は有るが無いのでありますぞ。……」と記されています。

これらが真実なら現象界に住む私たちの時間の観念と、見えない世界の神界や霊界とでは時間の観念は根本的に違っているということになります。

また、高次元意識の宇宙人のアルクトゥルス情報によれば、時間は何故に有るか？ それは時間が無いと人類は進化していかないからだ。時間が有るからこそ人類は目的を設定して懸命に努力するので文明が進化するからだとのことです。

宇宙には過去・現在・未来の観念は無い

この時間という観念に関し、現代科学の世界でもいろいろと論議が交わされてきています。アインシュタインの相対性理論によれば「現在・過去・未来という時間の区別は単なる幻想に過ぎず、全ての時間は既に存在している」という見解がとられているようです。同じ科学でも原子以下の極小の世界を探索する量子物理学の世界では、驚くことに未来が過去に影響を及ぼす現象が見られるとのことです。

また、マサチューセッツ工科大学のブラッドフォード・スコウ博士は、「ある出来事」が過去になるという現象は間違いであり、時空間はブロック宇宙論の法則に従い、「未来・現在・過去」は同時に内包されていると考える「スポットライト理論」を説いています。

これらの諸説を考えると、ますます時間のことが分からなくなりますが、これらの諸説を統合すると、どうやら宇宙には過去・現在・未来の観念は無い。あるのは無限にある過去・現在・未来のイメージ波動であり、それが同時に存在していると、推理できるようです。

タイムトラベルは可能であるとの見解

このような諸説の中で近年、大統一場理論を解明された物理学者である五島秀一先生は、瞬間移動、過去・未来の世界への時間旅行は可能であるとの見解を、著書『大統一場理論』（ヒカルランド）の中で説かれております。その主旨は以下のように要約できるようです。

註――物理学の世界では宇宙には四つの力が別々に働いているとする。電磁波力・重力・大きい力・小さい力である。「大統一場理論」とは、その四つの力が統一されたものであるとの卓越した新理論体系のこと。

宇宙はパラレルワールド構造になっている。私たちが認識する宇宙と全然質の違う宇宙が何層にも何層にも重なって、その中には光速のスピードが違う世界が有るかもしれない。

ＵＦＯの移動速度はそれを活用している筈である。光速で36年かかるアルクトゥルス星からＵＦＯはアッという間に移動してきます。あれはこの宇宙空間を移動するのでなく、光の速度がまったく違う別の宇宙空間を飛んで地球にやって来る。

将来、瞬間移動できる乗り物を発明できたとしたら、その物体はこの宇宙を横滑りするのでなく、振動数を替えて猛烈なスピードで違う宇宙空間を移動して、目的地で再び振動数を下げて元の地球空間に出現する。瞬間移動は可能であるのではないか……と、未来や過去の世界への旅が実現する夢のようなことを説かれています。

以上記してきたように、この不可解な時間の正体に関して数多くの科学者や識者によって「時間とは何なのか？」「過去・現在・未来の正体は？」「タイムトラベルは可能なのか？」などなど様々な見解が明らかにされているようです。しかし、いずれも推論や仮説の段階に止まっており、人類は未だに時間に関し統一的な最終結論に至っていない、というのが実情ではないでしょうか？

また、スピリチャルの人々の間では物質世界の現象界を仮相の世界、目にすることができない霊的な世界が実相の世界と言われていますが、どうやら「時間というもの」は地上三次元の現実世界と霊界・神界では、根本的な食い違いがあることは確かなようです。

「時」の字が明かす時間の本質を紹介

それでは「時」とはいったいどのようなものなのか？　文字の奥に潜む宇宙の真理を読み解く言霊学・光透波の字割思考法をもって読み解いてみることにいたしましょう。

註——光透波に関しては本書の第九章で詳述しているので参照ください。

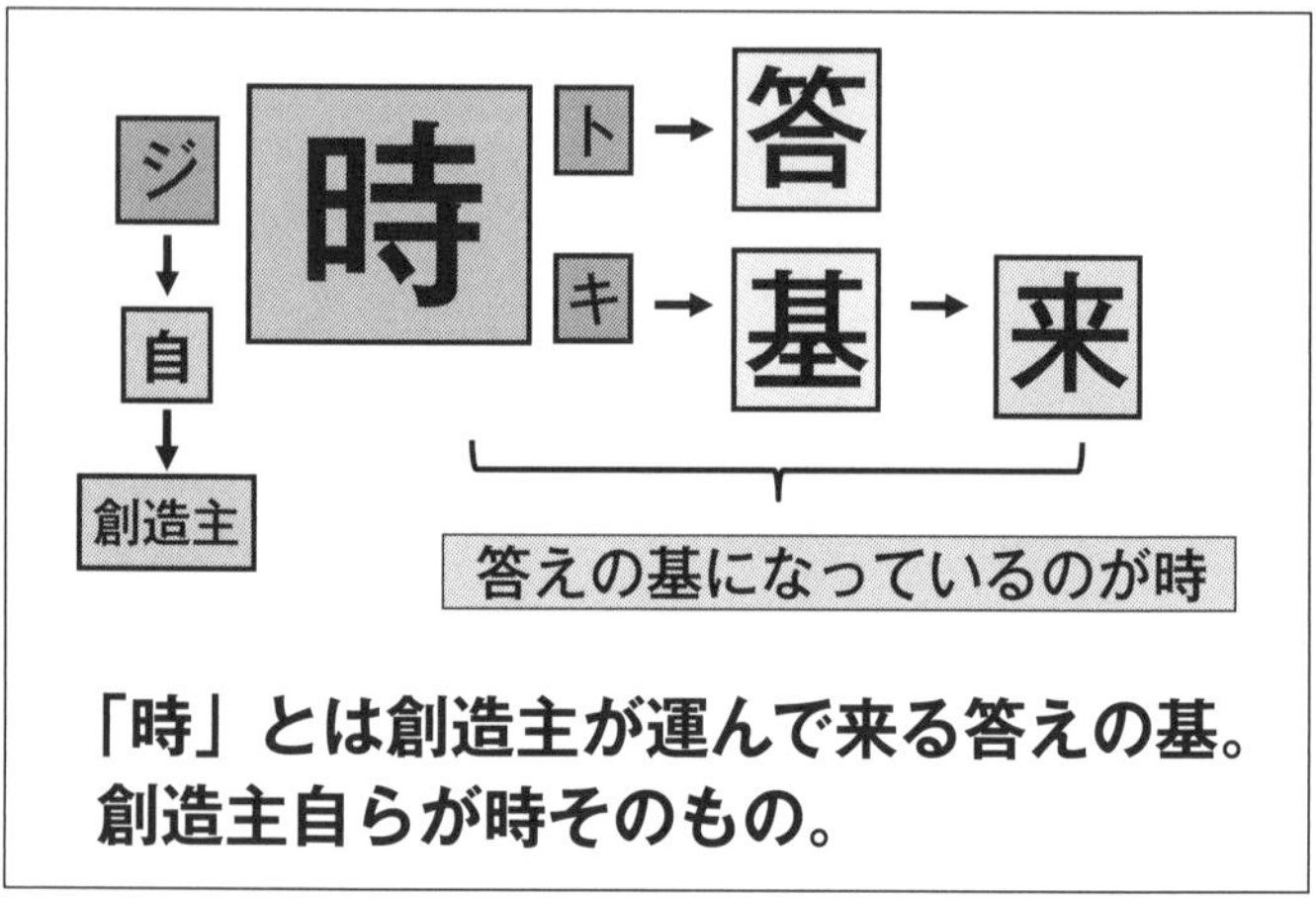
ジ
時
ト
キ
答
基
来
自
創造主
答えの基になっているのが時
「時」とは創造主が運んで来る答えの基。
創造主自らが時そのもの。

図版1

初めて光透波に接する方は戸惑われるかもしれませんが、図版1に沿って「時」を解説してみますと、「時」は音読みで「ジ」。50音図表の意味を読み解いた光透波の一覧表＝天鏡図（次頁註参照）に「ジ」を当てはめると「自」の文字が出てきます。「自」とは天地宇宙一切を創造されている「創造主＝サムシンググレート」自身の意味が出てくるのです。

そして「時」は訓読みで「トキ」。同じように天鏡図に当てはめると「答基」の文字が出てきますので、「時とは答えの基」という意味になります。したがって図版1のように『時』とは答えの基になっているものであり、創造主自らが時であり、創造主自らの能《はたら》き」と、読み解くことができてくるのです。
これまで記してきた様々な啓示や科学者や識者の「時」の概念と違った別の「時」の理念が、光透波の字割をすることで浮かび上がってくることが理解されると思います。

註――天鏡図とは第九章で詳述していますが、宇宙の一切を生成させている元素音＝50音の一音一音の音霊の深い意味を読み解いた一覧表のこと。光透波を啓かれた小田野早秧先生が心血を注いで解明された天を映す鏡の図であり、この天鏡図があればこそ言葉や文字の奥の真意を解読することが可能になっています。

この字割の見解のように、何事も時が来なければ結果が現れず正邪善悪の答えも分かりません。時の流れの中に宇宙（創造主）の大いなるご意図が働いていると理解できてくるのです。読者の皆さんもこの字割解釈は否定できない……、何故か腑に落ちると思いませんか？

「時」＝「答基」なのですから「時の法則」に順ずれば栄え、反すれば滅びの道を辿らざるを得ない……、これが人類に課せられた定めであるということです。ですから「時」を如何に活用して善用するか否かが、私たちにとっては非常に重要になってくるわけです。

人は皆、過去があって現在があり、現在があって未来がやって来るものと認識しています。が、今まで記してきましたように、私たちの時の観念は本当に正しいのでしょうか？

最先端の科学者の推論や日月神示などのスピリチャル世界の見解によれば、過去・現在・未来は同時に存在し進行しているように理解できるのです。

それで、一般的な常識を超えた光透波の字割見解を基に、私たちが幸せを摑《つか》むには「時」を如何に活用したら良いかの話を次に展開してゆくことにいたしましょう。

第二章

新時代の生き方は未来中心
過去・現在に縛られた生き方は間違い

現象界は仮想の世界、時の本質から外れた世界

Ⓐ　今までの生き方

過去→現在→未来――因果律に支配された世界

過去があって現在があり、そして未来へと時は流れていると認識する今日までの人類の生き方。

Ⓑ　これからの生き方

過去―現在―未来↓↓↓同時に存在、一体となった世界

「過去・現在・未来」は同時に存在し進行しているという霊的な見解。

過去3千年来の人類が辿った生き方はⒶでした。この考え方は、現在は過去の結果の現われであり未来は定まっていない。だから現在の生き方や努力次第で未来は良い方へも悪い方へも変わってゆく……。至極当然な考え方であり、間違っていないと誰もが思う筈です。

ではこのⒶの考え方によって、人々は幸福と繁栄への道を掴むことができていたでしょうか？　結果は否です。「悩み無い者は居ない」と言われてきて、過去3千年の歴史が物語るように人類の生活は悩み苦しみの連続ではなかったでしょうか。

何故でしょうか？　時間の視点で捉えると、それは「時↓トキ↓答基」の法則から外れている結果に他ならないからです。

私たちは「今を生きていますが、今を生き切ってはいません」、何故なら目的が曖《あい》昧《まい》で定まっておらず、目的に向かって一貫性を持った人生を送っていないからです。

今までは時をⒶのように認識し、己の人生の未来、目標・目的地を決めないで、あるいは決めることもできないで人生を送ってきました。その結果はどうだったでしょうか？　現実に湧き上がる様々な状況に振り回され、懸命に生きても迷い、戸惑い、グラグラした人生しか歩めなかったのではないでしょうか？

今までの私たちの生き方は過去から引き継いできた因果律・カルマに支配され、そのマイナスの波動、低い波動に飲み込まれて溺没《できぼつ》してしまう傾向にあったのです。

さてスピリチャルの世界の人々の間では、三次元物質世界＝現《こ》の世は仮相の世界であり、神界・霊界は実相の世界と認識されています。このような視点に立って考えますと、どうやら現象界に生きる私たちの思考の中からは、霊的な実相の世界を支配する宇宙の摂理・時の法則が抜け落ちているのではないかと思われてくるのです。

先に説明してきたように、「時→答基」、「過去・現在・未来は同時に存在」しているのが宇宙の実相だとしたら、私たち人類は今までこの宇宙の実相、時の法則に気付くことなく、でたらめに歩んでいたのです。

ですから人類は、「時」→「答基（来）」、「時」→「自」→「創造主」の掟、答えの基を失ってあらゆる面で迷走していたのです。

あなたが幸福と発展の道を歩みたいと願うなら、時の認識をⒷの生き方へ百八十度転換することを、本書は提唱しているのです。

「令和」は霊性に和す、霊主体従の時代です

今日、世界人類は物質中心の生き方「体主霊従」から精神性や霊性に目覚める「霊主体従」の時代に転換する真っただ中に直面しています。

「令和」の時代は図版2の図解のように「霊和」＝「霊性に和す」時代が到来したことを裏付けています。宇宙の掟ともいえる「時」、時代は大きく転換しているのです。

またアルファベットの21番目は「U」の字であり、21世紀は霊性回帰のUターンの

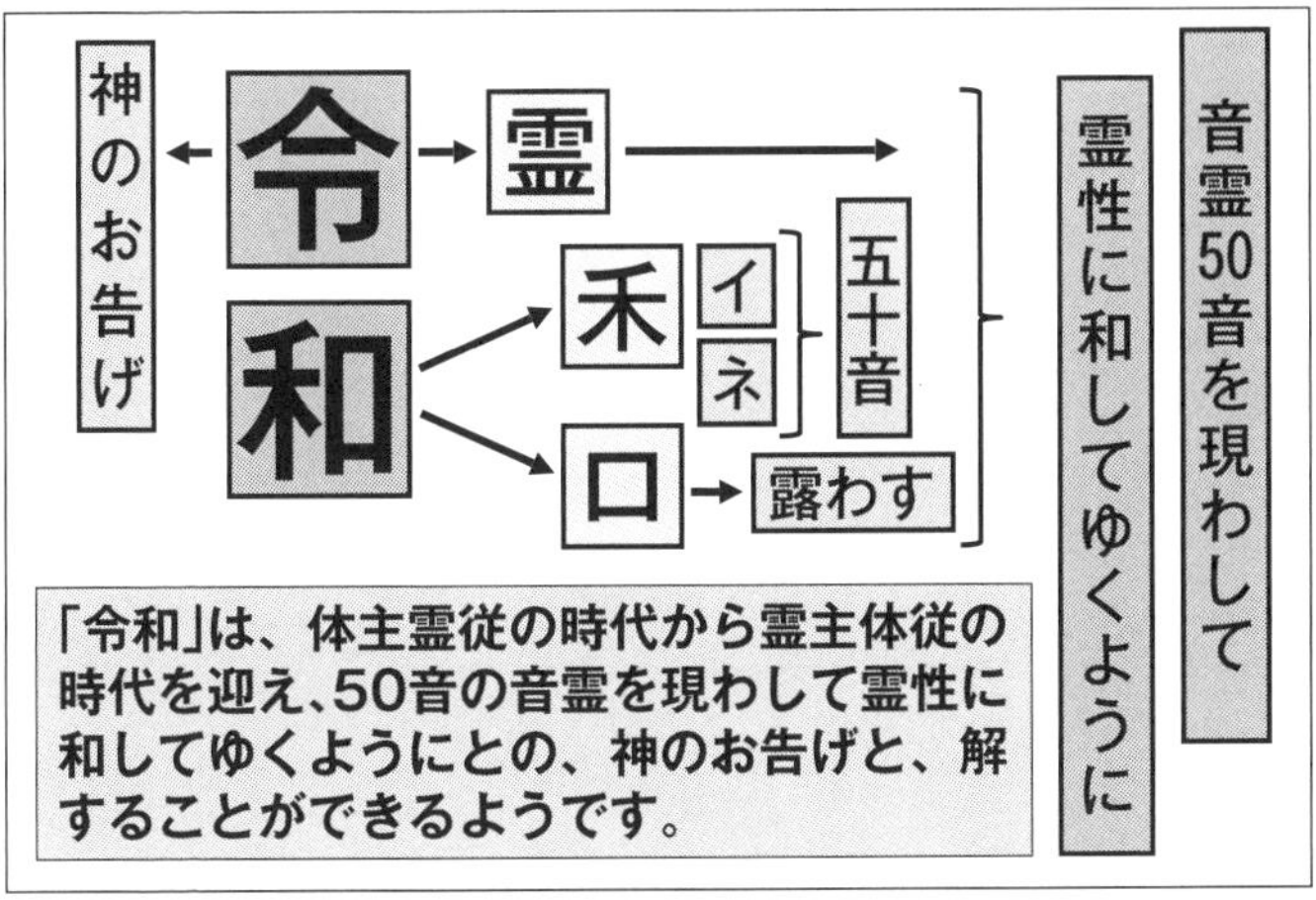

図版2

時代を暗示しています。人類は物質中心の生き方、すなわち「体主霊従」の時代から精神性や霊性に目覚める「霊主体従」の時代へUターン・大転換する時代を迎えているのです。

したがって「体主」から「霊主」へと転換してゆくのですから、私たちは今までの物質中心的な生き方を軌道修正してゆく必要性に迫られているのです。これから迎える霊性開花の新しい時代の生き方は、前述のⒶからⒷ「過去・現在・未来が同時に存在している」とする生き方に切り替えてゆくことが求められているのです。

「時間」が［過去 ― 現在 ― 未来］一体となって流れているという認識へ切り替えてゆく。過去や現在に囚われ縛られて来た今までのⒶの時代認識から未来を重視したⒷの時代認識へと切り替わってゆくのです。

すなわち、今までの私たちは、過去に支配され現在に支点を置いて「現実に縛られた生き方」をしていたのですが、それを卒業して未来に支点を置いた生き方へと変えてゆく必要があるのです。

未来には人類の夢があり、行き着く先には「物心調和の理想世界」が開かれています。その「光の時代」へと展開する過程を今日の世界人類は歩んでいるのです。

未来の目標を先に決めて、現在を最善に生きて行く

このⒶからⒷへの新たな人類の生き方、すなわち時の活用方法をより具体的に説明することにいたしましょう。それは先に「目標・理想・夢が実現した」ことを決めた

生き方です。そして、その夢、目的に向かって、あるがままの今を、現在を最善に努力してゆくことになります。

自身の目標、夢を明確に決め、宣言する。その想念、決意を固定し、夢実現のイメージを描いて今今を生きてゆくのです。

先に将来のビジョンを鮮明に決めているので、不動の目的に向かってブレルことなく生きてゆけるようになるのです。「夢が叶った、希望が実現した」という明るい意識を堅持して「中今」を最善を尽くして生きてゆくのです。さすれば目的すなわち未来は既に決めてあるのですから、自身の夢は必然的に成就することになるのです。

新時代の生き方を船の航海に譬えると

このことを、分かりやすく比喩《ひゆ》的に船の航海と対比して表現してみることにいたしましょう。船は必ず目的地を決めて航海します。船は必ず羅針盤を使って目的地に向かって航行します。船にとって目的の港、羅針盤無しの航海はあり得ません。

もし、この二つを持つことなく大海原をがむしゃらに航海し続けてゆけば蛇行迷走するのみで、どこに行き着つくか分かりません。目的地が決められていないのですから当然です……。それでも肉眼があるから余程のことがない限り「舟陸に上る」の結果は生じないでしょうが……、しかし燃料切れ、最悪の場合は岩礁に突っ込んで沈没してしまうことになりかねないのです。

これと全く同じようなことを人間は人生航路というたった一度の人生で、目的地も知らされず羅針盤も持たされずにオギャーと生まれてスタートさせられるのです。そして肉体が持つ生存本能、我善しのエゴの心に舵を預けて人生航路を航海するようになるのです。そのため殆どの人たちは航海↓後悔の結果しか得られずに人生の幕を閉じてしまっていたのです。これが過去幾千年にわたって人々が歩んできた定めだったのです。

この人生の旅を卒業するには、先ず初めに目的の港（未来の目標）を決め、羅針盤（光の言葉）を持って航海する生き方に切り替えることが求められるのです。そうすれば日々目的港に近づいてゆけるのですから、当然のこととして喜び、希望、生き甲斐、ワクワク感を持って夢実現への人生航路を歩むことができるのです。

註――光の言葉とは、平たく表現すれば光・愛・感謝・喜び等の明るいエネルギーに満ちた言葉と言えます。

本書第九章で詳記しています光透波の字割によって言葉・文字の奥に潜む真理＝天のご意図が浮かび上がってきますが、その真理に直結した言葉であり、詳しくは拙著『光の言葉で原点回帰』を参照ください。

Ⓐから Ⓑに切り替えた新たな生き方による人生航路は当然、信念と喜びの波動を発し続けることになるのですから、結果が悪くなる筈はありません。確実に目的地に着くことができる道が引かれたことになるのです。

人生の目標を定めよと言っても、現実には己の目標を定め切れないものです。が、誰もが健康、調和、円満、豊かさ、平和などは共通的に描くことができる筈です。しかし一人一人の人生はそれぞれの魂磨きの過程で千差万別に違っているものですから、仕事、結婚、家庭ｅｔｃ・、個々の幸福目標の設定は、それぞれ個々の人生によって、またその時その時によって当然、差異が生じるものです。ですから目前の目標、範囲を設定し、それが叶ったらさらに次の目標を高め、一歩一歩人生の目的を定めてゆくという生き方が求められているようです。

今までの人類の羅針盤は不完全でした

人類は過去3千年の昔から今日に至るまで、正しい方向性を示す性能の良い羅針盤を持つことができませんでした。ところが霊性に目覚める時代を迎えて素晴らしい羅針盤を宇宙は既に降ろされているのです。

それが本書で紹介している宇宙の真理を読み解く「文字の言霊学」＝光透波《コトハ》なのです。

何故に光透波が羅針盤なのか？　いきなり光透波と伝えても読者は？？？　と思われるでしょうが、光透波が理想的な羅針盤であることについては、今後順を追って説明させていただくことにし、取り敢えず私たちが幸福と発展の道を確実に摑むためには、「時間」が 過去 ― 現在 ― 未来 一体となって流れているという認識をもって、先に未来の目的を定めて生きてゆくことが求められている話を、より分かりやすくチャート的に解説してゆくことにいたしましょう。

幸福と発展を掴むチャート図

時の流れ

過去 → 過去（前世来）のカルマを背負って人は様々な問題で苦悩。
↓ ①の心得
↓ 過去の負の情報＝記憶にフォーカス（焦点）しない、囚われない。
↓
現在 → 問題を抱え悩んでいても、光の目的を明確に決める。
↓ ②の心得
↓ 自身が決めた未来の夢・目標にフォーカスして、ただただ今現在を懸命に

← 生きる。努力をする。

←

← 例「売上倍増」「夫婦の円満」etc.と未来の目標を明確に具体的に設定。

← ③の心得

← その目標達成を宣言する。決めた目標に向かって今、今を倦《う》まず弛《たゆ》まず

← 努力する。目標を確定、羅針盤として光の言葉を唱え活用する。

← ①②③を実践してゆく

未来 ↑ ①～③の実践は調和と発展の道、夢実現の波動を自然に発信してゆく
ことになってゆきます。

そうして同調波長の法則により、これらのポジティブな波動に共鳴した事象を引き寄せられることになり、導かれてゆく。結果的に自身の目的を摑むことができるのです。

時→答来→未来を定めて生きて行く

先に掲載したように「時」とは「トキ」→「答基」、「答えの基」と解釈できるのですが、もう一歩進めて「時」→「トキ」→「答来」、「答えが来る」。したがって未来を決めておけば必然的にその答え＝結果が来ることになるのです。

宇宙を創造され人間を生み出されました創造主の願いは、物心調和の理想世界の実現であることは間違いありません。ですから、そのようにプログラミングされて宇宙を創造されているのですから、私たちが未来での夢実現を決めておけば、必然的に創造主の願いと一致する夢が実現するようになっていくのです。とりわけ霊主体従の時代はそのように仕組まれているのです。

宇宙の実相は 過去・現在・未来 がパッケージされているのですから、私たちが未来を明確に定めておけば、その結果が現実化することは当然の理《ことわり》なのです。

令和の時代は「霊」性に「和」す時代の到来を意味しています。これから迎える霊主体従の時代は、そのハッピーな世が実現することなのです。

表現を変えれば、人類は今までの「過去・現在・未来」の桎梏（しっこく＝手かせ足かせ）から解放されて、宇宙に実在する理想の未来を引き寄せ実現させる時代を迎えているのです。

第三章

光の言葉は人生の羅針盤
霊性開花の時代は、Ⓐから Ⓑの生き方

さて、ここらで読者諸兄が疑問を感じておられると思われる「人生航路の羅針盤が光の言葉」であることに触れてゆきましょう。

光の言葉とは、文字の言霊学＝光透波（コトハ）の世界でもあります。それで光透波の字割をすることで宇宙の真実をものの見事に表現している「實」の字の深意を読み解いて、話を展開してゆくことにいたしましょう。

「實（まこと）」の文字が明かす宇宙の実体

宇宙の実相は仏教の『般若心経』では「色即是空、空即是色」、すなわち物心一如、

霊体一致の世界であることが説かれています。このことは現代科学の見解と合致し、宇宙の真理である光透波の見解と一致しています。このことを「實」の字は一文字で明確に表わしているので紹介いたしましょう。

その前に文「字」の「字」に秘められた深意が図版3の図解であり、文字は宇宙の音を表わしたものであるということを認識してください。

この前提のもとに「實」の文字を解説いたしましょう。

「まこと・じつ」を何故に「實」と表現されているのか？　人間智では皆目分かりませんね。それを読み解いたものが図版4の図解です。

實の字は、この世の真實・實相・實態が宇宙を貫いている命の波動であることを表わしているのです。その波動によってありとあらゆるものが實在していることを、實の文字は教えているのです。

現代科学でも認知しているように全ては波動によって成り立っています。有形の物

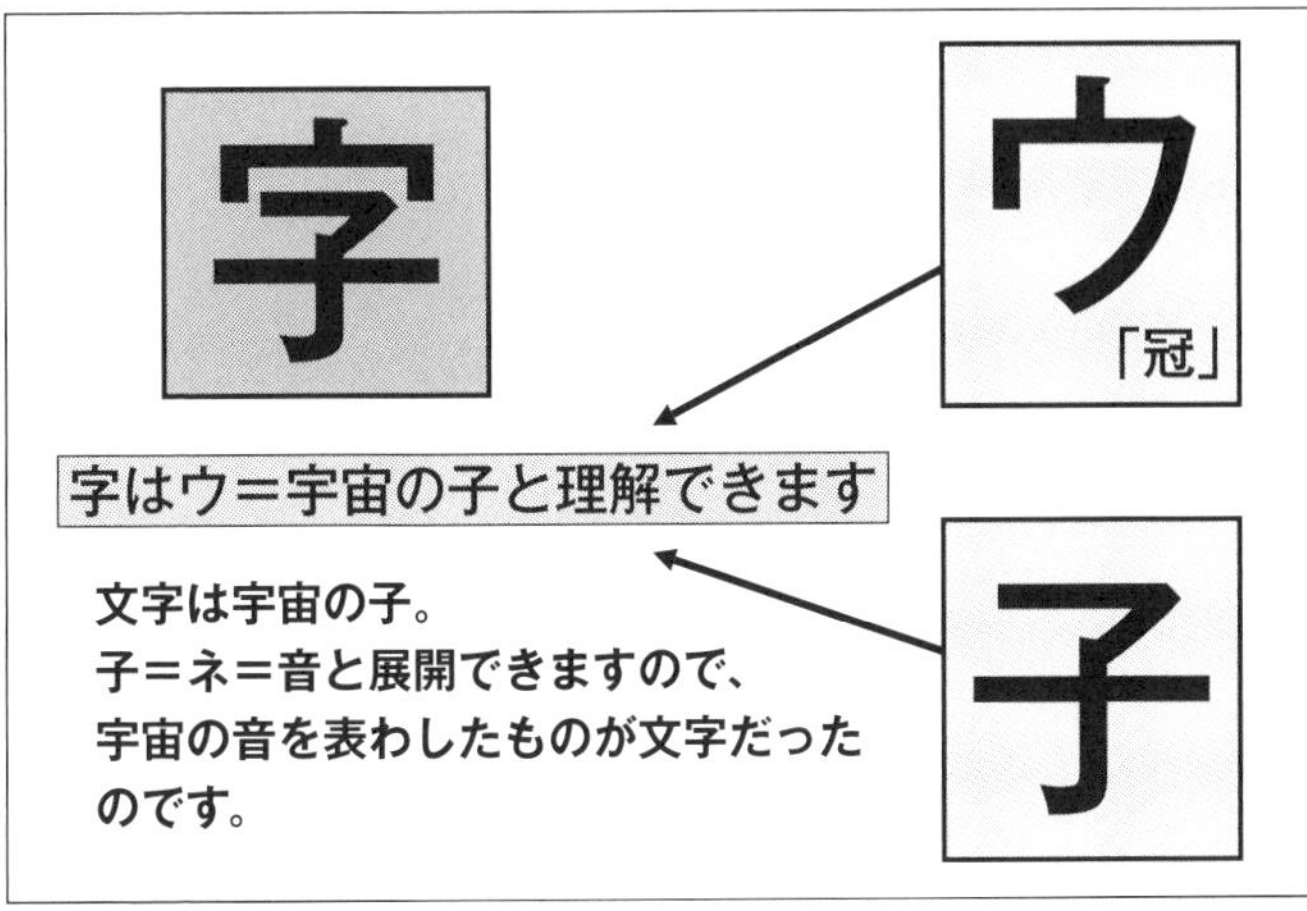
字
ウ
「冠」
字はウ＝宇宙の子と理解できます
文字は宇宙の子。
子＝ネ＝音と展開できますので、
宇宙の音を表わしたものが文字だった
のです。
子

図版３

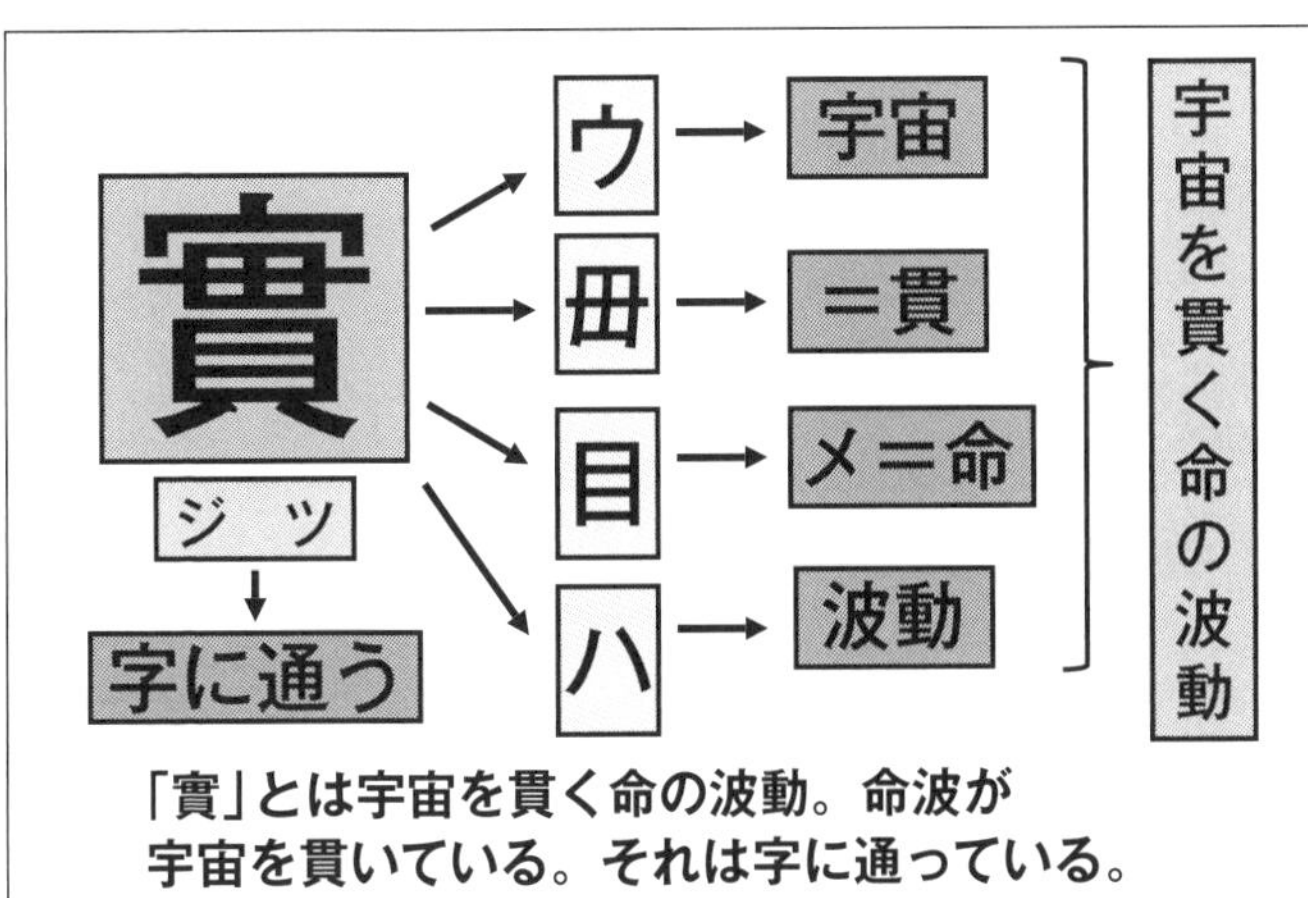
實
ジ　ッ
字に通う
ウ
毌
目
ハ
宇宙
＝貫
メ＝命
波動
宇宙を貫く命の波動
「實」とは宇宙を貫く命の波動。命波が
宇宙を貫いている。それは字に通っている。

図版４

質も無形の電波・光、さらに突き詰めてゆけば、私たちの身体にしても心にしても魂にしても命にしても、全ては波動によって成り立ち動いている。「實」はこのことを表現している文字だったのです。

「實（まこと）」は宇宙の実体は全て波動によって成り立っている。波動＝霊（目に見えない手にも触れることができないエネルギー）の存在によって生み出されている。

人類が今まで物質中心に考えていたことと真逆の世界が宇宙の実体だったのです。スピリチャルの世界で説かれてきた「物の世界は仮相、霊の世界が実相」であることを裏付けている文字ということです。

この世の実体は、想念が作り出すイリュージョン

私たちの本質は魂であり、肉体はその衣のような存在であると精神世界の識者の間では言われています。ところが殆どの現代人はこのことに気付かず、我欲、物質欲、権力欲、執着心などの歪んだ心が生み出す幻影＝イリュージョンによって惑わされて

いるのです。

人間の魂の周りをこのイリュージョン・幻が黒雲のように取り囲んでおり、本当の魂の姿、ピュアな魂から出る光が遮られているのです。

権力欲や執着心、恐怖心、不安などのネガティブな思いは、全て人間の過去の経験を反映した心が造り出した錯覚であり、イリュージョンであり、実体のないものなのです。実体がないものですから、心を変えれば幻・イリュージョンである黒雲はたちまち消滅し、ピュアな魂本来の姿が外に露われ出てくるのです。

ところが人間は我欲から生じた想念を真実であり実体であると見なしてしまい、自分が作り上げたイリュージョンによって逆にコントロールされ、その想念によって現実世界を作り上げてしまっているのです。そうして悶え苦しんでいるのです。

想念は現実を生み出す力の源です

真実は、魂の核（生命電磁場）の波動そのものが実在であり、あとは厳格な表現をすれば全てイリュージョン・幻なのです。ネガティブな思いも、ポジティブな思いも……。その思い＝意識（顕在意識＋潜在意識）が現実を生み出している……、これが私たちの住む世界の実態なのです。

現実化し物質化するのは各々の心の中の「それが現実だとの思い」なのです。ところが事故や災難や病などは、誰もそうなることを予想していませんし、願ってもいません。でも起きているのですから当然、そんなことはないと誰もが思う筈です。

実は、やっかいなことに私たちの意識の90％は無意識＝潜在意識によって支配されていることです。この過去、もっと言えば過去世から引き継いできたネガティブな体験を根拠に、私たちは無意識のうちに過去情報に支配されて様々な不幸や苦悩を引き込んでいたのです。

表面意識・潜在意識が生み出す想念＝想像は現実化させる創造力を有しているのです。それ故にどんな想念を持つか、どんな生き方、どんな目標を持つかが重要になってくるのです。意識＝想念によってこの世の一切が生み出されていることを明らかにしている文字がありますので紹介いたしましょう。「素」という文字です。

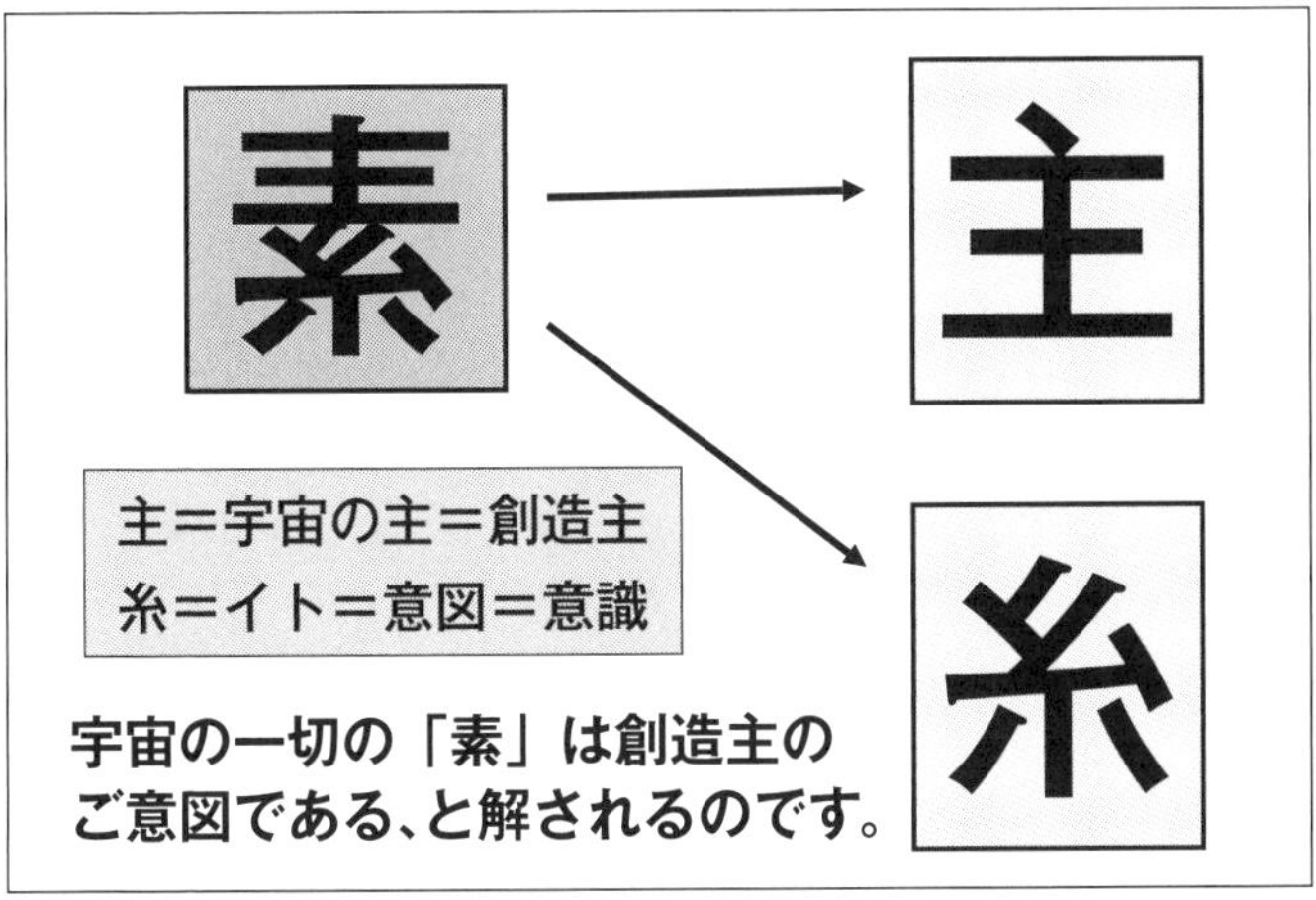
素
主
糸
主＝宇宙の主＝創造主
糸＝イト＝意図＝意識
宇宙の一切の「素」は創造主の
ご意図である、と解されるのです。

図版5

この宇宙、もっと言えば多次元宇宙を含めて全てを生み出しているのは意識＝想念、「創造主の意図」であることを、図版5の字割は明らかにしているのです。

この「素」の字割で明らかに表現されていますように、宇宙は創造主の意図が基（素）になって生成流《る》転《てん》しているのです。

同様に私たちの世界は人類の総合意識の現われであり、人類のトータルの想念によって生み出されているのです。そして個々の人の境涯・状況は、それぞれの意識（潜在意識を含む）によって生み出されているのです。

意識は波動であり、見えない霊的なエネルギーです。物質ではありません。しかしこの霊的な力が現実世界を生み出しているのです。

この宇宙の実態は「霊なる意識」が「物なる存在」を生み出しているのです。「霊なる世界」とは目にも見えない手にも触れることのできない「波動」の世界と解することができるのです。

全ては波動によって生み出されている

言葉は音、音は波動です。そして現代科学の見解も「全てのものは波動によって成り立っている」との立場をとっています。ですから「言葉」と「あらゆるもの」の間には、波動の法則が働いて共振共鳴現象が起きたり、干渉現象が起きていることは明らかでありましょう。同調波長の法則・引き寄せの法則が働いているのです。

そして言葉というものは、私たちが想像する以上に大きな影響力を持っているのです。言葉が生み出す意識、その意識が発する波動の良し悪しが、私たちの心や思考に直接感応して、境涯や運命を左右してゆくのです。言葉には私たちが考える以上の大きな力、パワーが脈打っているのです。幸福になるのも不幸になるのも、実は言葉の力が大きく左右しているのです。

したがって、本書で提唱する光の言葉を活用することとは、言葉によって人生の羅針盤を正しく摑むことであり、そのことにより私たちが確実に宇宙のご意図、真理に沿った光の道を歩むことに繋《つな》がってゆくのです。そして明るい方向性を摑むことができ、明るい波動を発信し続けて人生航路を進むことができるようになるということです。

今までのように人々が目的地も羅針盤も持たずに、過去のカルマや現在抱えている苦悩・難題に囚われてネガティブ思考に陥って、低い波動を発信し続けていたら私たちはいつまで経っても幸せを摑むことは難しいのです。

霊性開花の時代は、Ⓐから Ⓑへの生き方

霊性が開花するこれからの時代は、時間の認識をⒶからⒷに切り替えてゆく。そして抱えている苦悩や貧困や病魔にフォーカスするのでなく、未来を光の言葉に希望を託し、そこに焦点を置いて生きてゆくのです。そして今、今、今現在をあるがままに最善の努力をして生きてゆくのです。そうすることにより未来を光の世界に定めた境涯を、実現することができるのです。

霊主体従の時代とは、物中心の考え方すなわち物・金・エゴに支配されてきた生き方を卒業して、霊性に人々が目覚め物心が調和する宇宙の本質に沿って生きる時代を迎えるということです。表現を変えれば夜から昼へ、闇から光の世界へ、ワクワクする理想の世界、夢が実現する時代を今まさに私たちは迎えているのです。

第四章

量子力学、エネルギー論の見地から「意識が現実化する」を考察する

量子物理学が証す心主物従の実験

今まで記してきたことを科学的に証明しているものが量子理論です。量子力学理論を確立した実験の一つに有名な二重スリットの実験がありますので次に紹介することにいたしましょう。

註——量子とは粒子と波の性質を併せ持った、とても小さな物質やエネルギーの単位のことであり、物質を形作っている原子そのものや、原子を形作っているさらに小さな電子・中性子・陽子、さらに小さな光子などといった極小な粒子のこ

とです。簡単に言えば、物質の構成単位となる小さな粒のことです。物を分割して分割して分割し尽くして、これ以上小さくできない物質の世界が量子です。

量子銃から量子を二重スリット（隙間）に飛ばすと図版6のように波動としての姿を映し出します。ところが人が意識して観察カメラを設置すると、図版7のように粒子（物質）の姿に一変するのです。

量子銃から発した量子は非物質的な波動の姿から、人が意識してカメラを設置して観察すると一転して粒子化して物質的な姿になるのです。

このことは人の意識エネルギーが波動（霊的）なものを物（体的）なものに変換させる力を有していることを証しているということです。

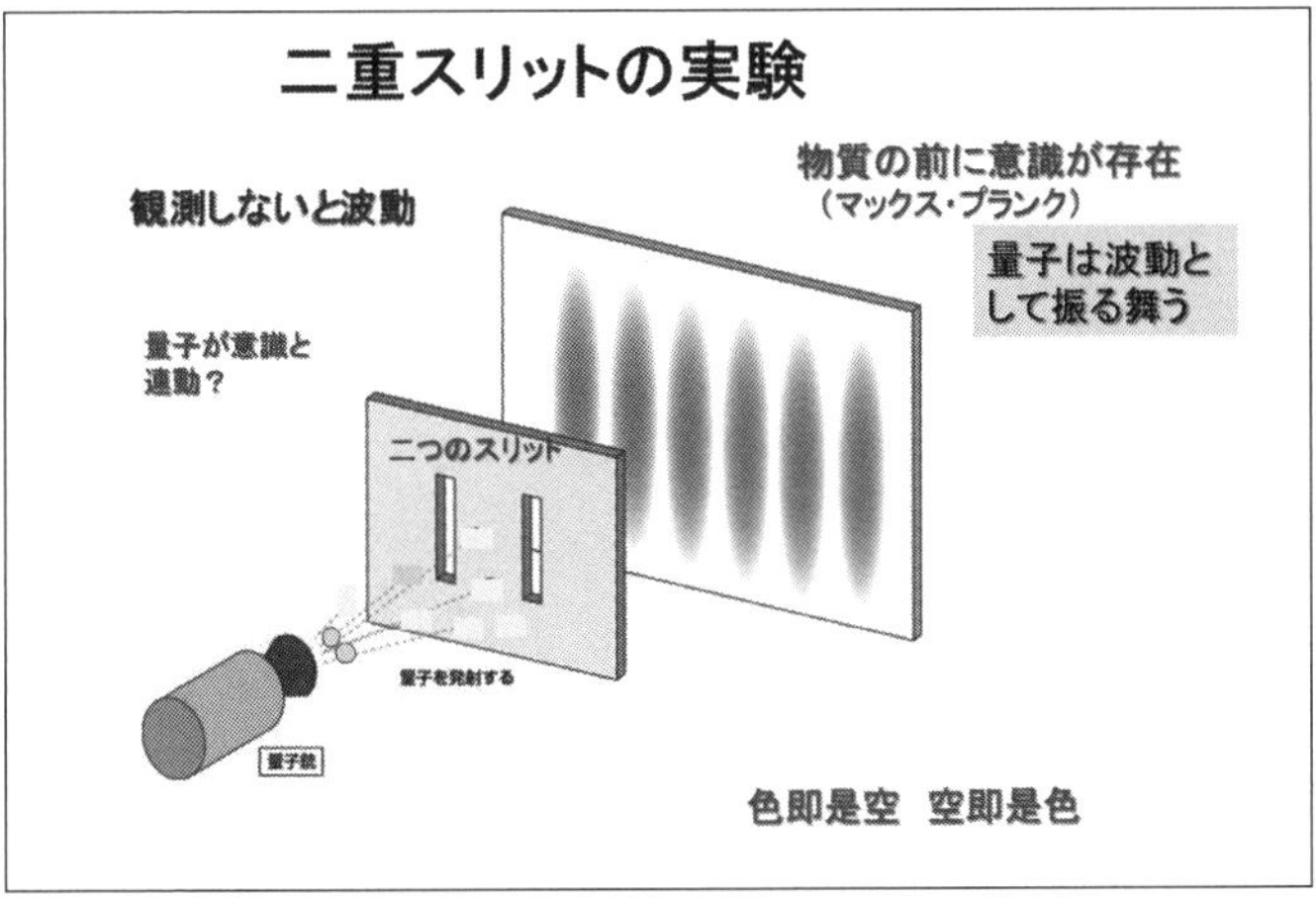
二重スリットの実験
物質の前に意識が存在
（マックス・プランク）
観測しないと波動
量子は波動と
して振る舞う
量子が意識と
連動？
二つのスリット
量子を発射する
量子銃
色即是空　空即是色

図版6

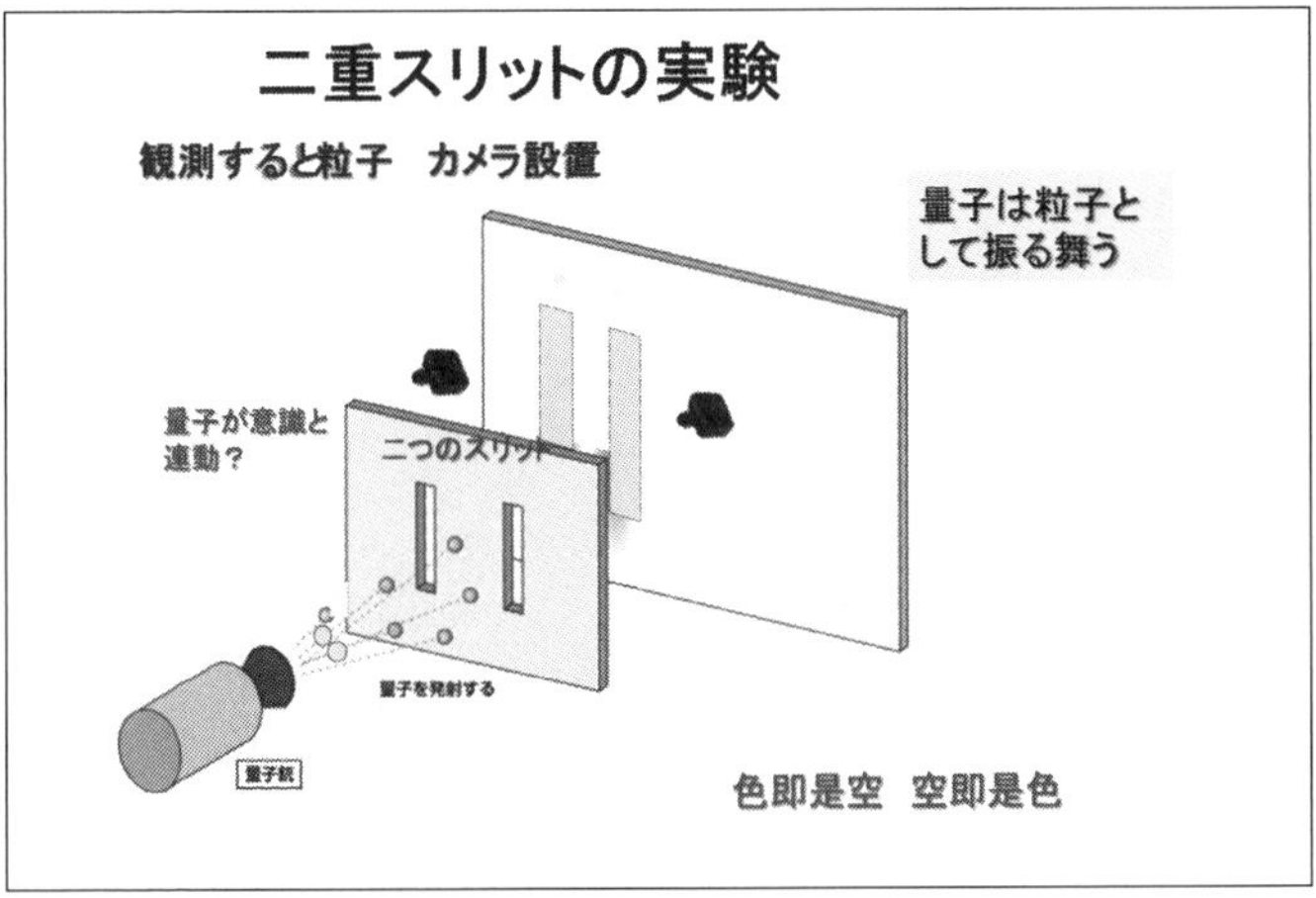
二重スリットの実験
観測すると粒子　カメラ設置
量子は粒子と
して振る舞う
量子が意識と
連動？
二つのスリット
量子を発射する
量子銃
色即是空　空即是色

図版7

量子理論　人の意識が介在すると、量子の波動が粒子化する。

波動 → エネルギー → 霊的な働き
　　　　　　　　　↓　　　　　　　　　　人の意識が物を創造する力を有している証明です。
粒子 → 物　質 → 体的な働き

意識が波動を粒子にする → 意識が霊的なものを物的なものに変えているのです。

この実験から今まで記してきた見解、「思いは現実化する」とか「霊の世界が実相」→「体の世界が仮相」という考え方が的を得ていることが理解できます。

この宇宙の一切は現代科学で認知されているように、全て波動によって成り立っています。驚くことに私たちの身体も心も命も……、そして太陽も地球もあらゆるものを突き詰めて細分化してゆくと、波動の世界に入ってゆくのです。量子力学で明らかになっているように素粒子、クォーク、さらにもっと精緻なプランク定数の究極小の世界も、突き詰めてゆくと波動によって成り立っているのです。

言葉は音であり波動です。そして言葉と切っても切れない私たちの意識も波動の現われと理解できます。

自然界は波動に支配されています

科学雑誌「Newton」の記事に「海岸に打ち寄せる波の他、自然界には『波動』が満ち溢れている。音波・光・携帯電話やテレビ、地上を揺らす地震波など、全て波動だ。ミクロの世界の物理学である『量子論』によると、電子や原子なども波動としての性質がある。電子や原子は、身の回りの全ての物質を構成する源なので、『自然界は波動に支配されている』と言っても過言ではない」との文章が掲載されています。

地球のリズムに連動している人間の生理機能

海岸に打ち寄せる波のリズムは平均すると1分間に9回であると聞いて、筆者は熱海の海岸で時計とにらめっこしながら確認したことがあります。ほぼ9回でした。海岸の地形や気象、沖を通る船などの状況で微妙に変わるでしょうが、平均9回ということは正しいと確認した次第です。

この打ち寄せる波のリズム＝地球のリズムと、人間の生理機能が不思議な関係にあることをご存知でしょうか？

9×2＝18　人の1分間の呼吸数

18×2＝36　人の健康な体温

36×2＝72　人の健康な脈拍数

72×2＝144　人の健康な血圧数

144×2＝288　胎児が母胎内にいる日数

この不思議なリズム＝波動の数値が物語るように、私たちの肉体の生理機能も、そして森羅万象も、宇宙の大いなる波動の仕組みによって生成されていると考えられないでしょうか？

全ては波動・エネルギーによって生成される

さらに波動に関してもう少し話を進めてゆくと、その奥には波動を生み出す基のエネルギーがあることが容易に想像できます。どちらが先か？　不明ですが波動とエネルギーとが切っても切れない関係にあることは自明の理です。そしてエネルギーが波動を生じさせる。その波動が森羅万象を生成流転させている。

音も電波も光も、見えない世界も、見える世界の物質も、全ては波動↓エネルギーによって生み出されているのです。では一切のものを生み出す基の基、すなわちエネルギーとはいったい如何なるものなのでしょうか？

少々難しくなりますが、エネルギーには位置エネルギー、力学的なエネルギー、運動エネルギー、波動エネルギー、熱エネルギー、化学エネルギー、石油エネルギー、核エネルギー、電磁場エネルギー、質量エネルギー、栄養学的なエネルギー等々いろいろと名称があり、分類されています。起きている対象の違いや、現象や資質の違い、捉える視点の違いなどによって、様々なエネルギー名が付けられているようです。

それでこれらの諸現象を生じさせる力の源泉たるエネルギーの本質はどのようなものか？　と問うと現代の物理科学でも曖昧模糊として明確な定義づけができていません。摑むことができていないのが実情なのです。

エネルギーの実体を光透波理論から読み解く

それで言葉や文字の奥に秘められた深意を読み解くことができる光透波理論の字割で、「ＥＮＥＲＧＹ」（エネルギー）を読み解くと図版8のようになります。なんと「エネルギーとは回転している元素音＝50音が流れ留まっている基の基」ということです。「50音が流れ留まる」とはコトバのエネルギーと解することができるようです。

この解説には当然、読者の皆さんからの「エネルギーと50音は全然関係ないのでは」との疑問の声が返ってきますので、説明することにいたしましょう。第九章の光

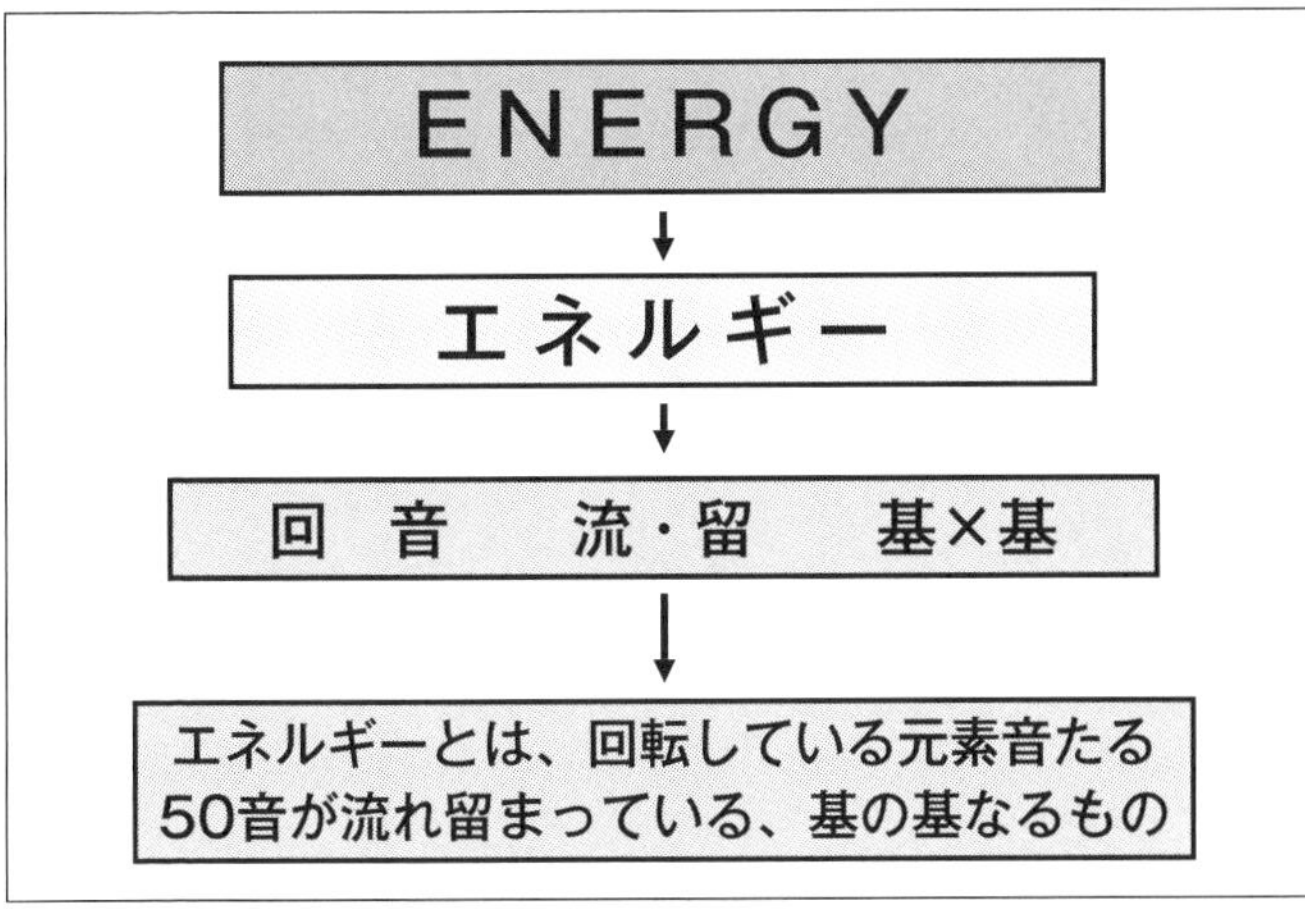

図版8

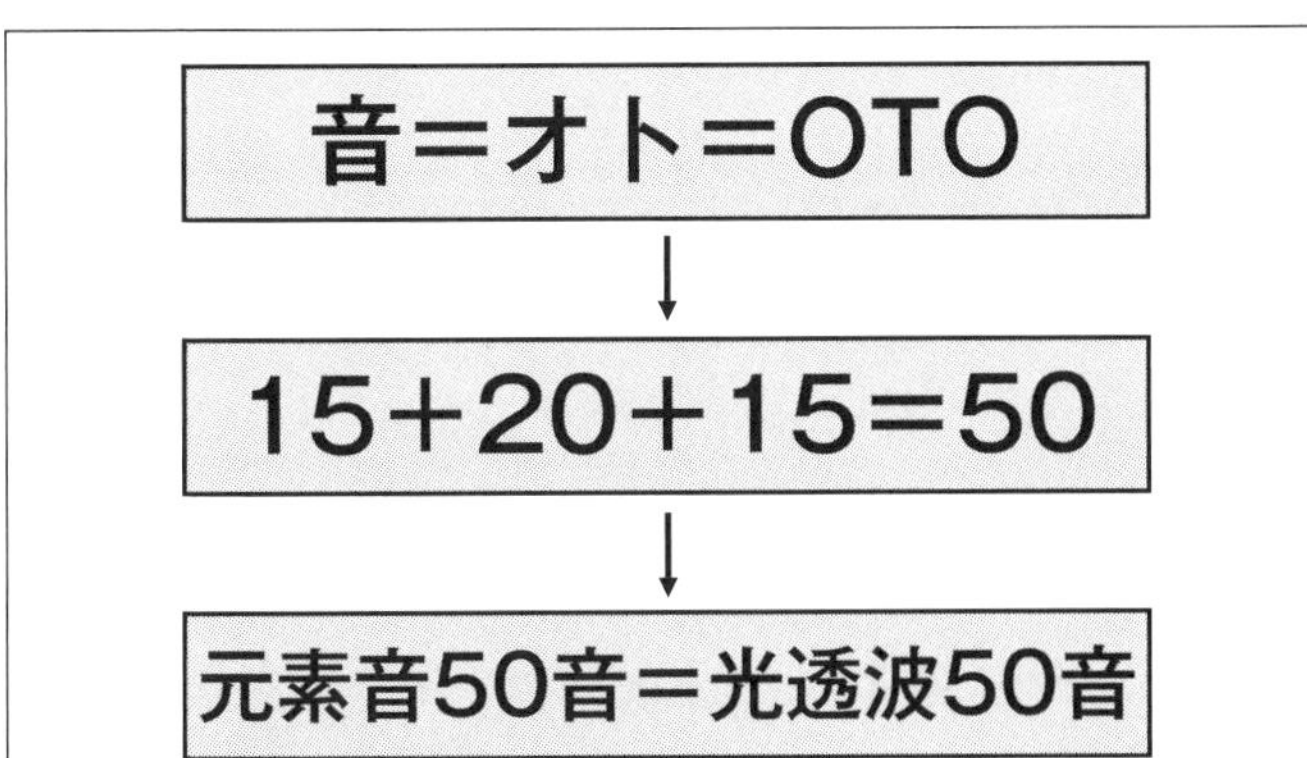

図版9

音を上記のように分析力のあるアルファベットの数で取ると元素音＝50音と解せるのです。

透波の章を読まれていない現段階ですのでレクチャーを加えさせていただくことにいたします。

この宇宙は全て波動によって成り立っています。そしてありとあらゆる波動の中で最小究極、最強の波動が「光」すらも「透」明にしてしまう「波」動、それが図らずも光透波（コウトウハ↓コトハ↓言葉）の波動、これによって宇宙の森羅万象が生成流転しているのが宇宙の実体・真相であるとの見解を光透波理論ではとっています。

言葉のベースは音です。音は波動です。音をアルファベットに置き換えると↓OTO。Oはアルファベットの15番目、Tは20番目、ですからOTO↓15＋20＋15＝50、すなわち音の元素音が50音であることを光透波理論では読み解いているのです（図版9）。

この究極の50音の波動によって宇宙は生成流転している、これが宇宙の真相真実であったのです。したがって「エネルギーとは回転している50音が流れ留まっている基の基」の見解は的を得ているものと理解できるのです。この見解はあまりにも現代常識とかけ離れていますので戸惑われるかと思いますが、順次、本書を読むうちに納得いただけるものとして話を進めさせていただくことにいたします。

光透波は最小究極の波動・エネルギーとも言えます

光透波＝コトハ＝「光」の「透」明な「波」動。そのコトバ（光透波）のエネルギーが真空透明の姿で宇宙に満ち満ちており、森羅万象がその最小究極の波動＝エネルギーを根拠に生成流転している、それが宇宙の実体であると光透波理論では捉えています。

図らずも次章で紹介する聖書のヨハネ福音書の「全てのものは言葉によって成った……」の文言と軌を一にしてくるのも不思議なことですが、これも宇宙の仕組みですから当然と言えるのです。

以上、エネルギーとともに言葉の本質について記述してきましたが、宇宙の一切万霊万物は波動によって生み出されているということです。

ですから、言葉は波動そのもので、言葉を善用するか否かにより、人の意識も将来も左右されてゆくことは当然のことなのです。

言葉には意味があり、波動があり、エネルギーがあります。それ故に言葉を善用するか悪用するかによって、私たちの幸不幸や運命が大きく左右されてゆくことは自明の理ということです。

第五章

光の世界を生み出す「光の言葉」
言葉の波動が意識を生み、意識は現実化する

全ては波動の化身、周波数の多寡によって異なりが生ず

さて、この地上世界は雨の音、風の音、小川のせせらぎの音、みどり豊かな森でさえずる野鳥の声、海岸に打ち寄せる大小様々な波の音、さらには現代人にとってなくてはならない携帯の電磁波から、大きな被害をもたらす地震波など、様々な「波動」で満ち溢れています。音・光・携帯電話やテレビの電波、全ては波動です。

言葉は音であり、音は空気の振動音であり音波であり波動です。人間が聞き取るこ

とができる可聴範囲の音は20ヘルツから2万ヘルツまでの周波数と言われています。1ヘルツとは1秒間に1回振動することを意味します。それが1秒間に3千ヘルツから3兆ヘルツまでの範囲の振動数になると各種の電波になり、3兆ヘルツ以上の振動数になると各種の光に変わってゆく。さらに3京ヘルツ以上になると、放射能域になってゆく。

いずれにしても音・電波・光・放射能、これらは全て振動によって存在し、表現を変えれば波動によって成り立っています。その周波数の多寡によって性質を違えているのです。

あらゆる物、動植物、私たちの身体にしても、全ては各種の分子によって構成されています。分子は各種の原子の組み合わせで成り立っています。周知のように原子は原子核の周りを電子が超超スピードで回転している、当然、そこには人智では想像することができない物凄い数値の波動が存在していることになります。

大橋正雄氏の波動性科学入門

「波動」に関する理解を深めていただけたらと、今は亡き卓越した波動科学論を主張された大橋正雄先生の著書『波動性科学入門』から一部を抜粋して、浅学な筆者なりに要旨を纏めたものを以下に紹介させていただくことにいたしましょう。

「波動には周波数、波長、波形の三つの側面がある。それぞれの異なりによって現れてくる現象が違ってくる。音・電磁波・光・放射能……周波数が多くなるにしたがって異なったものになっている。周波数が上がれば必然的に波長は短くなる。

電磁波の世界を例にとると、……長波↓中波↓短波↓マイクロ波↓赤外線↓可視光線↓紫外線↓X線↓ガンマー線……。これらは皆、電磁波であり周波数の違いによって異なりが生じている。

同様に波長の違いによっても変化してゆく。それを現わしているのが光の世界。光をプリズムに通すと7色に分かれる。赤→橙→黄→緑→青→藍→紫、波長の長短によって色が変わってゆく。

また、波形によっても異なりが出てくる。ピアノ、バイオリン、フルートで同じ音階のハ調のドを奏でたとき、それぞれの楽器が出す音波の波形が異なるので音色が異なってくる。

『周波数』『波長』と『波形』さらに『波動の大小強弱』により異なる現象が生ずるのである。波動の現象は音波・電磁波だけにとどまらず、ミクロの原子の世界の波動・原子波の世界でも同様に起きている。原子波の波長・波形が異なると物質の種類や性質が異なるというわけである。

同じ振動数の二つの音叉を同時に叩くと、二つの音叉の発生する音は共鳴して一つの音として聞こえるようになる。また振動数の僅かに異なる音叉を同時に叩くと、二つの音は唸音を発生する。

素粒子・原子・分子をはじめ、全ての物質は原子波（重力と同質）を発生している。この原子波が共鳴したとき、物質は結晶化する。すなわち共鳴したとき波動は幾つあっても一つの波動を形成する。一つの波動は一つの現象を現わす。この作用が結晶という現象である。

また、二つの物質の発生する原子波が微妙な違いで唸音を構成すると、二つの物質は結晶でなく化合する。化合した場合は元の二つの物質はそのまま存在することになる……」

このように大橋正雄先生は全ての現象は、音にしても、電磁波にしても、光にしても、さらに物質の世界も原子・素粒子の世界も、全て振動により、波動の法則によって生成されていることを『波動性科学入門』で科学的論証をもって説かれています。詳しくは同著をご参照いただきたい。

波動が物を生み出すことを証すクラドニ図形や水の結晶

さらに、読者の皆さんは「クラドニ図形」をご存知でしょうか？

振動板の上に乾燥した細かい砂や塩を撒く、その振動板に異なった音や周波数の振動を加えると、不思議なことに周波数の違いにより撒かれた砂や塩が動きだし、いろんな図形や結晶図形を整然と形作ってゆくようになるのです。

このクラドニ図形の現象は、明らかに音や周波数（波動）が図形（もの）を生み出すことを実証しているのです。表現を変えれば波動が物を生み出していることを実証していると理解できるのです。


また、江本勝氏の『水からの伝言』（ヒカルランド）の著書に詳述されていますように「愛」とか「平和」などの良い文字を使った時は綺麗に調った雪の結晶ができて、逆に「馬鹿」「死ね」などの悪い文字を置くと壊れたり醜い結晶ができる……という有名な話も、文字や言葉の波動が物を生み出す上で大きな影響力を有していることを明かしているのです。

「初めに言葉ありき」→「初めに波動ありき」

さて、このような視点に立って「言葉」を広義に「波動」と解しますと、聖書のヨハネ福音書の中に「初めに言葉ありき、言葉は神と共にあった。言葉は神なりき、全てのものは言葉によって成った。成ったもので言葉によらずに成ったものは何一つなかった……」と書かれてありますが、この「言葉」を「波動」に置き換えますと次のように読み解けてくるのです。

「初めに波動ありき、波動は神と共にあった。波動は神なりき、全てのものは波動によって成った。成ったもので波動によらずに成ったものは何一つなかった……」と。

今から2千年以上の昔に書かれた聖書の文言が現代科学の見解と整合性がとれてくるから不思議ですね。いつの時代も宇宙の真理は変わらないのですから、当然と言えば当然のことなのですが……。

光透波は最小究極、最強の波動です

本書の目的の一つは光透波の紹介にあるのですが、「光」の「透」明な「波」動と表現する光透波は全ての波動の中で最小最強であり最高究極の波動であるとの見解は前章で既述した通りです。それが「光透波（コトハ）」→「言葉」のエネルギーに繋がっているのです（図版10）。光透波に関しては第九章で詳しく紹介していますので、ご参照ください……。

ですから言葉は波動、全てのものも波動によって成り立っています。そこに波動の法則が働いている。したがって言葉というものは私たちが想像する以上に大きな影響力を持っているのです。コトハ（光透波）は全てのものを生み出す根源的な力に繋がっているのであり、エネルギーでもあるのです。光透波→コトハ→言葉は人類の行く

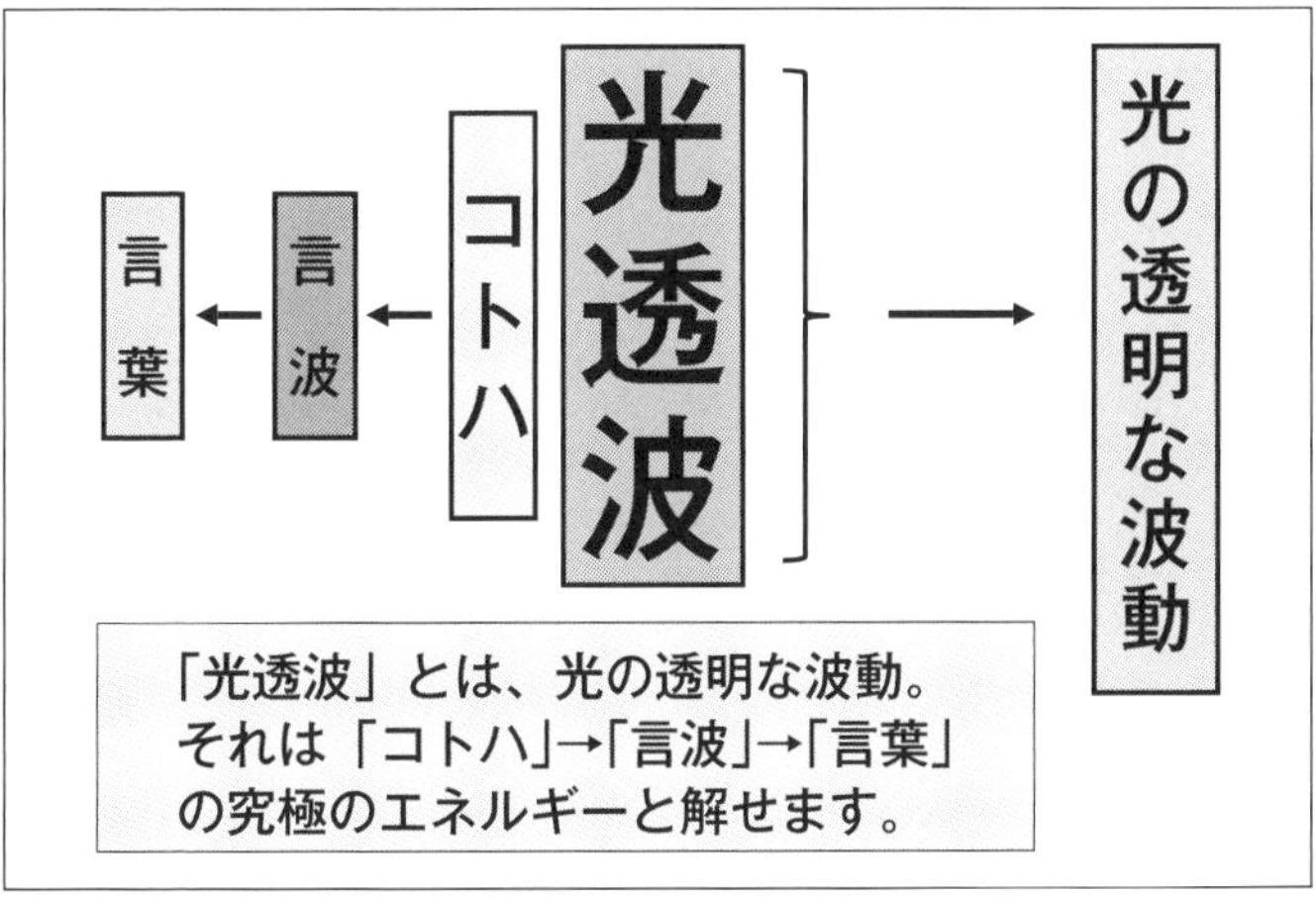

図版10

末を左右する大きな力を持っている。言葉を活用して善用することにより幸福と平和の道が拓かれてゆくということです。

言葉の波動が意識を生み、意識は現実化する

言葉は量子力学的なエネルギーを有していると解せます。発した言葉のエネルギーと同じ周波数のものがくっつくようになっているのが量子力学の世界……、それはまさしく引き寄せの法則とも理解できます。

言葉の波動が意識（思考）を左右する。

そして意識の波動（周波数）と同じものが引き寄せられる。これが宇宙の仕組みなのです。

・明るい建設的な言葉を発すれば、明るい良いものが引き寄せられる。

・否定的な不平不満ばかり言っていたら、暗いものが引き寄せられる。

何故なら発した言葉が意識を生み、その波動に合ったものを引き寄せるからです。

感謝の言葉　↓　感謝の想いが高まり　↓　感謝のエネルギー　↓　宇宙にその感謝の波動が届く　↓　その報いとして愛の恵みが届けられるのです。

この真逆も真なのです。ネガティブな言葉はネガティブな結果をもたらすのです。ですから、自らの言葉が生み出す想念が現実を生み出すのですから、全ては自己責任とも言えるのです。夢を叶えるために言葉のエネルギーを活用することが求められるということです。

よく「思い通りにしかならない」とか「諦めたら終わりだ」とか言われますが、正に言葉のエネルギーと同じ周波数のものが同調波長の法則で引き寄せられ現実化することを端的に表現しているのです。「もう駄目だ、絶望的だ」と言えばその通りになってしまうのです。

人は光の方向へ心が向けば光明の世界が開かれてゆきます。闇の方向へ心が向けば闇の世界へと閉ざされてしまうのです。光明か闇か？　その切り替えのチャンネル機能が心（想念・思考）なのです。そして思考を決めるのが言葉であるということです。

故に言葉は全てのものに影響を及ぼし、言葉のエネルギーを活用することによって救いの道が開かれてゆく……、このことに関しては拙著『全ての人が救われる道　光の言葉で原点回帰』（でくのぼう出版）で詳述していますので、よりしっかりと理解したい方はご購読くださるようお勧めいたします。

第六章

神代の昔、言葉は宇宙から降ろされた言葉によって人類は創造の力を得る

言葉というものを、考えたことがありますか？

読者の皆さんは今まで言葉というものを考えたことがあるでしょうか？　おそらく無い筈です。何故なら人は皆生まれてから両親や家族や周りの人から言葉がけを受け、ごく自然のうちに言葉を覚え、気付いたときには、言葉と切っても切れない関係になっているからです。

私たちは知らないうちに言葉と一体関係になるように育てられているのです。「人間」→「ニンゲン」→「人言」ということです。したがって、当然、言葉について考

えることもなかったのです。もっと言えば言葉は生まれながらに持っているものと錯覚しているのです。

人は言葉でコミュニケーションをとり、言葉を使って考え思考を深めています。そして人々は言葉の本質に気付くことなく、言葉は人間が作りだした道具の一つのように思っています。果たして言葉は本当にそのような軽いものなのでしょうか？

人祖の昔、言葉は宇宙のご意図によって人類に与えられた

本書の見解は言葉とか文字は人間が生み出したものでなく、宇宙・サムシンググレートによって遠い遠い太古の昔に私たちの人祖に降ろされたとの見解を取っています。このように記しますと、「いや違う。人間は沢山の言葉を作り出しているのだから、言葉は人間自身が生み出しているに違いない」との反論が返ってくるようです。確かに人類は発明や発見をする度に新しい言葉や文字を沢山作り出してきました。ただし、それはベースになる言葉があったればこそできているのです。

もし、ベースになる元のコトハ（言葉）が与えられていなければ、人間は考える能力を持てませんから、他の動物同様に意識も思考も想念も生み出し働かすこともできない存在に留まっていたに違いありません。元になる言葉が無ければ人間は思考能力が無くなるのですから、新しい言葉を生み出すことはできないのです。

それでは何故に人は言葉を持つに至っているのでしょうか？　これは人類にとって最大の謎の一つですが、このことに関し宇宙の意識体から啓示が降ろされているので紹介いたしましょう。それは筑波大学の教授をなさっていた一二三朋子氏に降ろされた言葉です。

神誥記《しんこうき》の一節

「神代の昔、人類は、文字なく、ことばも、神さえも、持たぬ原始の生き物なりき。なれば神は憐れみて、神と人とが交信するようことばを教え、文字をも伝えり。神と人とを結ばんために、神は祈りのことばを与えたり。さにて人は神と交信。この世に神の国を建てることを神に約して報恩とせん。

なれど、ことばはそのままにては人の間へ浸透し難く、人は人なり人間同士の、ことばに変えて、使い始めき。神のことばを解する者は、神世の昔も限られしみ役の者と定められしが、人と神とを介するための、祈り祭りの役を担いき。
さにてことばは神世の昔、人に下ろして使わせぬるが、神と人とを結ぶことばは、いつか途絶えて果てぬるを。さにて今の世、地上世界に、人の間に流通するは人のことばに変えられし、古代の神のことばなり」と記されているのです。

この啓示で明らかなように、おそらく今から20万年、30万年前、いやもっと前の遠い遠い人祖の昔に言葉は宇宙の大いなるご意図により降ろされていたということです。この初めの言葉を与えられていたからこそ人類は思考する能力を獲得することになったのです。そして降ろされた初めの言葉を人間自身で使いやすくアレンジしていったということです。言葉は人口の増加と拡散に伴い時代の経過とともに、民族や地域や国境の違いによって限りなく分化されてゆき、アレンジされ続けるとともに次々と新しい言葉が生まれていったのです。今日、言語学者によれば世界には6千5百～7

千もの言語があると言われるに至っているのです。

宇宙直結の言葉から、抜け殻の言葉を使うようになった人類

こうして宇宙に通じていた元は一つであった言葉が、今では様々な各国語、民族語、地域語に分化し、細かく分ければ無数の言語の種類を生み出していると言えましょう。

この言葉の分化の流れの中で何が起きたかと言うと、宇宙の大いなる力に直結していた元の言葉は次第にその力を失っていくとともに、本来の意味も変えられていったということです。したがって今日世界中で使われている言語は、全て本来持っていた大いなる力を失った言葉になっているということです。

表現を変えれば、宇宙の波動と直結していた元の意味も命も失った、抜け殻のような言葉を人類は使うようになっているのです。そして人々は言葉の神性に気付くことなく「言葉を道具」の一つのように錯覚してしまっているのです。

ですが抜け殻のような言葉であっても、人の意識は言葉によって紡ぎ出されますか

ら、人類はそのアレンジを重ねた言葉の力を根底にして、善きにつけ悪しきにつけ今日の豪華絢爛《けんらん》たる文化文明を築くに至っているのです。

言葉は人類にとって尊い不可欠のものです

言葉は私たちの意思伝達のツールであり、もし言葉が無くなればコミュニケーションが取れなくなるのですから社会生活は一瞬にして崩壊し、人類の文化文明の一切も消滅してしまうことは明らかでありましょう。

言葉の中には当然、文字も数字も入ってくるわけですから、コミュニケーションによって成り立つ私たち人間社会にとって言葉以上の大切なものは無い筈です。

言葉の機能はコミュニケーションだけではありません。人の精神活動の上で無くてはならない宗教、哲学、科学、様々な学問、倫理道徳、祈りの言葉、教理や経文、マントラ、呪文……これらも全て言葉をベースに成り立っているのです。無数の書籍・記録、データーなども全て言葉があるからこそ成立しているのです。

このように考えると言葉は人類にとって、この上もなく尊い不可欠のものであることが理解できてくるのです。人類にとってこの上ない重要な言葉を、宇宙は遠い遠い人祖の昔に与えてくださったということなのです。そして人は動物から理性物人間へと劇的な進化を遂げることができているのです。

神が人間を自身の似姿として創造された真意とは

このことをもう少し掘り下げてみることにいたしましょう。聖書（創生記1章）によると、宇宙の一切万有を生み出された創造の神は、人間をご自身の似姿として創造された……と書かれてあります。神の似姿？　現代人には何か腑に落ちない表現に思えますが、その真意を考えられたことがあるでしょうか？

神とは無色透明なる意識体と考えられますから、ご自身の似姿として有形の肉体を持った人間を生み出された……、明らかに似姿と矛盾した話のように思えてくるのではないでしょうか？

宇宙を創造された神の神たる所以《ゆえん》は、天地万物を創造された能力をお持ちになっていることではないでしょうか。故に神の似姿に合わせて人間をお創りになったとは、神が有している創造する力、すなわち言葉を人間に与えられたと解することができるのです。

人間だけが持つ創造する能力の根源には言葉が

この地上に生存するありとあらゆる動植物の中で本能的な能力を超えて創造力を有しているのは人間だけです。それ故に人類は善きにつけ悪しきにつけ高度の文化文明を築くことができているのです。

では、何故に人間は創造する能力を身につけることができたのでしょうか？　多くの人たちは、人は頭が良いから今日の文化文明を造り出したと錯覚しているようです。ならば、動物学者によればチンパンジーやオランウータンなどの類人猿は、4歳程度の人間の知能を持っているとのことですし、彼らは人類より遥か以前から地上に生存していると考えられるのですから、何か一つや二つでも文化的なものを持っていてもおかしくないのですが皆無です。彼らには創造する能力が与えられていないからです。

それでは人間に与えられた創造の能力とは何なのでしょうか？　その根源が言葉なのです。ギリシャの哲学者・ソクラテスは「人間はロゴス（言葉）の動物である」と明言しているように、人間だけが地上の全生物の中で言葉を有しているのです。この言葉の力によって人間は創造の能力を持つことができているのです。

文化文明の一切は言葉によって生み出される

では、「言葉によって創造される……」カラクリを説明してゆきましょう。人は言葉によってものの名前を覚え、識別し、記憶し、知識を深め、コミュニケーションを高めることが可能になります。そして全てのものに名が付けられています。もし言葉が無く、この世の一切のものに名が付けられていなければ、記憶も知識も深めることはできません。勿論、相互のコミュニケーションも難しくなってゆきます。

言葉が与えられているからこそ、人は言葉を使って認識、識別、判断、推測を重ねながら思考を高め想念を抱くことができるようになります。この時に使われる言葉は声に出していなくても、頭の中では言葉が回転して記憶、推測、思考を重ねているのです。もし、言葉が無ければ、このような思考は一切できないといえましょう。

人間の思考はやがて意識へと高次元化してゆきます。そして意識こそ全てのものを生み出す原動力になっているのです。昔から「願いは叶う」と言われています。具体的に強く意識し続ける、イメージを描き続けることにより、その願いが現実化するようになるのです。

人が創造したこの世の一切のものは制度・秩序・風俗・文化文明に至るまで、善いことも悪いことも、全て言葉によって生み出されてくる意識や願望の現れであり、表現を変えれば人々の集合意識が形となって現れたものなのです。

飛行機の発明に隠された言葉の力

具体的に分かりやすく飛行機が地上に出現するまでのカラクリを、言葉（文字や数字も含む）を起点に順序立てて考えてみましょう。

・鳥のように大空を飛びたいと夢見る人が出る。
・その願望を持つ人々が多く出て集合意識が形成されてゆく。
・その中から飛ぶ方法を考える人が出てくる。
・その実現のため、研究したり、手段や道具を考える人が現れる。
・このような意識や願いを持った人たちが、さらに空を飛びたいとの集合意識を高めてゆき、その背景のもとに具体的に計画・設計する人、技術や労力を提供する人が出てくる。
・設計図通りに飛行機を作り出す人が出てくる。そうして飛行機がこの地上に出現してくるのです。

さらに、もっと速く、もっと大きく、もっと快適に……と願う者や必要性が出てきて、改良が進められてゆき今日の高度に発達した航空産業・文化が実現しているのです。

この流れの中で一貫して言えることは、空を飛びたい……という意識が終始強く流れていることです。もし人々の空を飛びたい願望と意識が微弱であれば、飛行機完成の夢は実現しなかったでしょう。

その願望や意識の根底には言葉のパワーがあることに気付く筈です。もし言葉が無ければ人間の欲望・思考・意識は生み出されず、高まることはないのです。

神の似姿を持つ人間、そして言葉を与えられた人間は、このようにしてこの地上にある一切の人工物を善きにつけ悪しきにつけ創造してきているのです。

この偉大な力を持つ言葉を宇宙の創造主＝神は、超古代の神代の昔に人に与えられたということです。

言葉は両刃の刃、善用し活用する必要があります

ところが、この素晴らしい言葉の本質に人類は気付かずに、乱用誤用し続けて破壊と混乱と闘争の道具にしてきたのです。今日に至っても人類は「言葉を伝達の道具」のように軽く認識しているのです。言葉は両刃の刃《やいば》、善にも悪にも働くものです。人々は言葉の真髄・本質から遊離し乱用し続けて世を乱してきたのです。

このことを表現している文字が図版11の「乱」という文字です。「乱」の字は「舌」＋「L」の合成文字。「L」には一次元を二次元に開く意味があります。したがって「舌を開く」＝「言葉を話す」ことを指しており、「言葉」によって「乱れ」が生じることを「乱」の字は教えているのです。

また、以前にも拙著で紹介してありますが、英語の「言葉」＝「Language」という単語も、ものの見事に言葉によって人類が乱されていることを表現しています（図

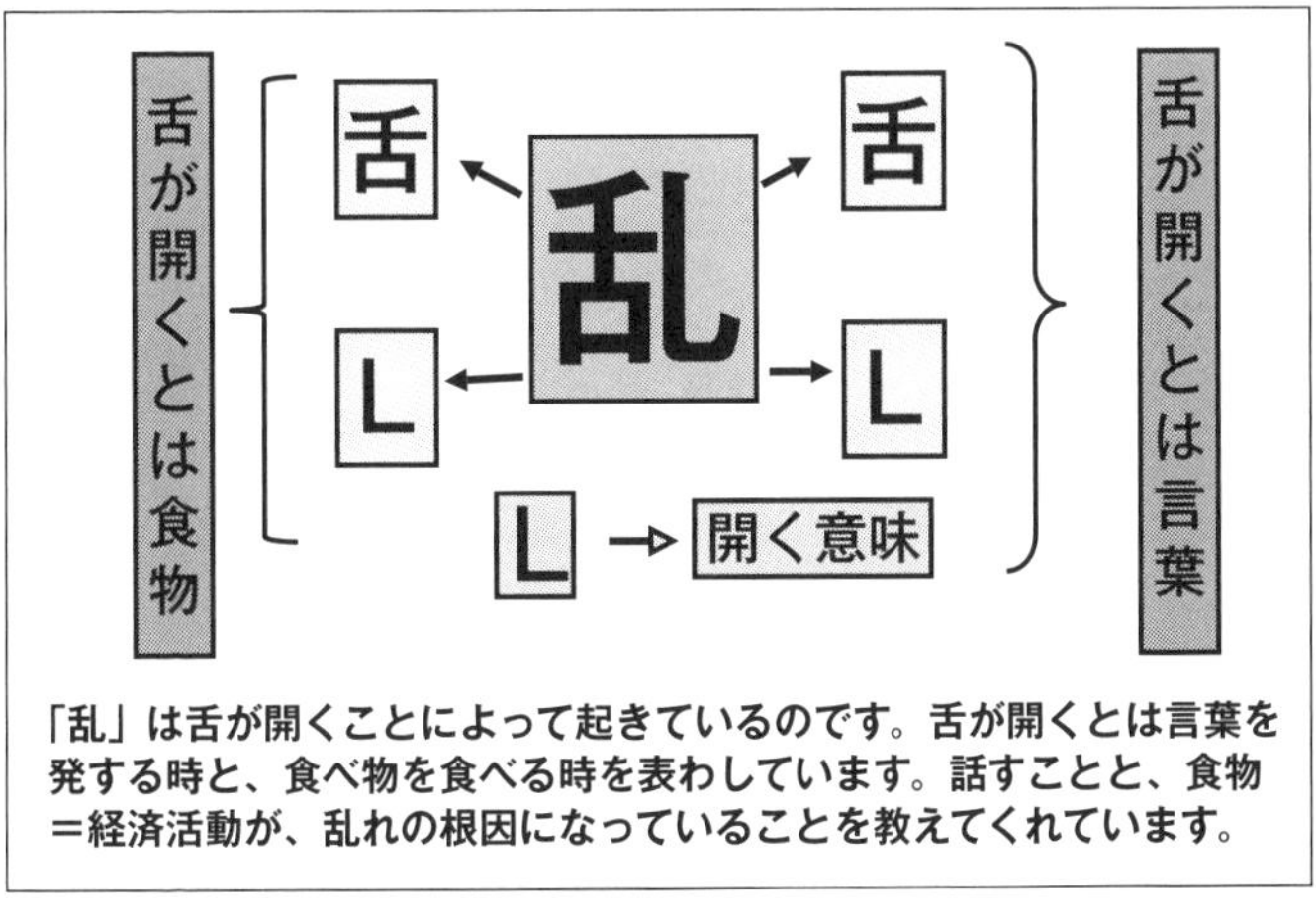
舌が開くとは食物
舌
L
乱
舌
L
L
開く意味
舌が開くとは言葉
「乱」は舌が開くことによって起きているのです。舌が開くとは言葉を発する時と、食べ物を食べる時を表わしています。話すことと、食物＝経済活動が、乱れの根因になっていることを教えてくれています。

図版11

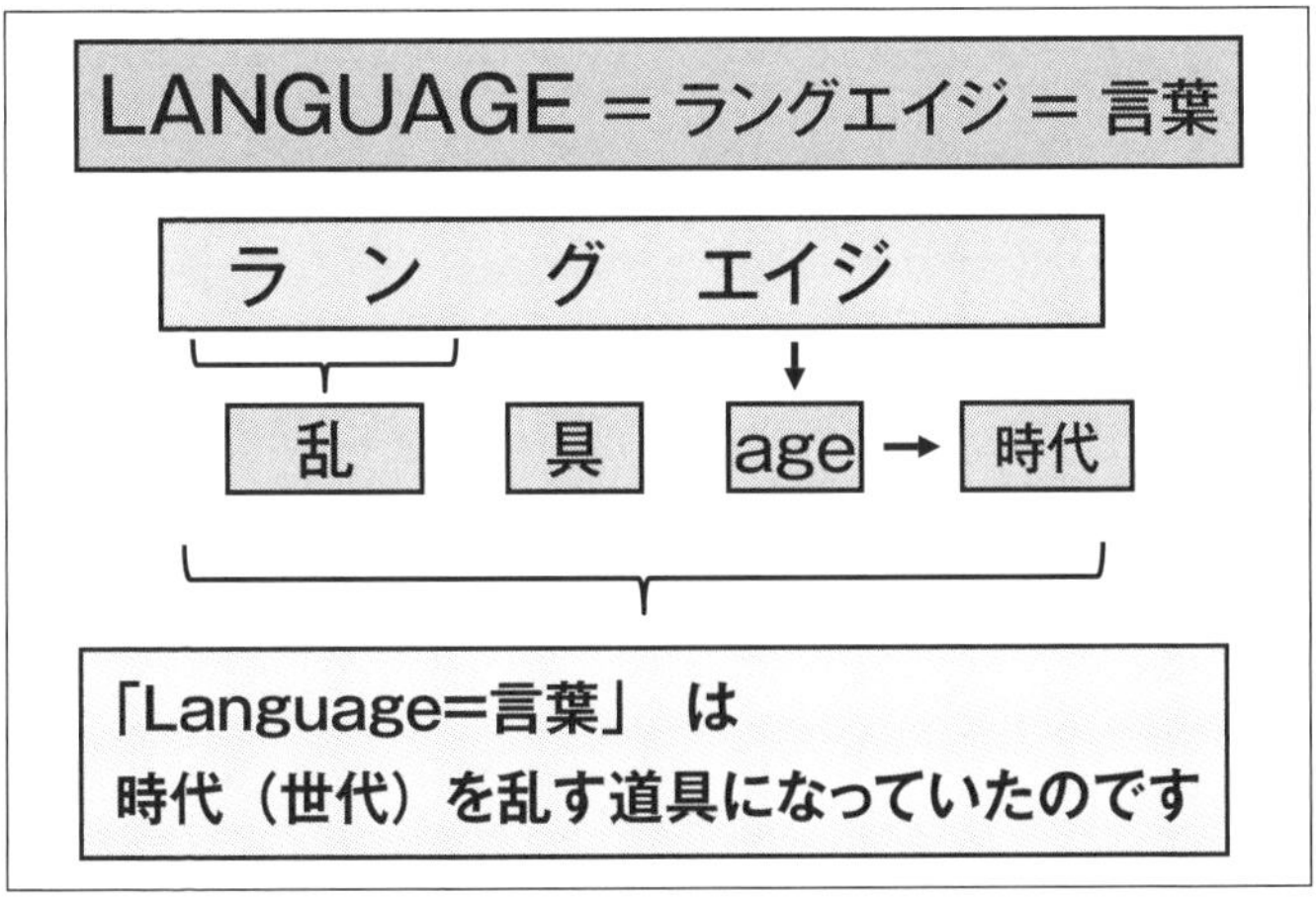
LANGUAGE ＝ ラングエイジ ＝ 言葉
ラ　ン　グ　エイジ
乱
具
age
時代
「Language＝言葉」は
時代（世代）を乱す道具になっていたのです

図版12

版12)。

そうです。言葉は時代を乱す道具に成り下がっていたのです。過去3千年間の人類の歴史がこのことを明確に示しているのではないでしょうか。

第七章

霊主体従の時代を迎えて
閉じられていた言葉の岩戸が開かれる

今日、体主霊従から霊主体従の時代へ大きく移り変わる時代を迎えて、今まで閉じられていた言葉の岩戸が開かれたのです。岩戸→イワト→言戸→言答が開かれているのです。それが本書で紹介している光透波＝光の言葉の世界なのです。

そしてこの光の言葉の活用法として提唱しているのが、本書の第二章で詳述しましたように、過去や現在に軸足を置いたこれまでの生き方から、未来・中今に軸足を置いた新しい生き方、すなわち未来に向けて自由に発信できる「言霊＝言葉のエネルギー」を活用する生き方ということです。

今までの生き方

Ⓐ 過去 ↓ 現在 ↓ 未来 ――― 過去に支配された世界

過去があって現在があり、そして未来へと時は流れているという考えに囚われていた生き方。

これからの生き方

Ⓑ 過去 ― 現在 ― 未来 ↓↓↓ 同時に存在、一体となった世界

先に未来の夢実現を定め、中今を最善に生きてゆく生き方。

言葉は思考を超えてニュートラルに唱えることができます。ですから誰でも思うままに現実を超えて幸福と発展への道を開くことができるように仕組まれているのです。夢実現の光の言葉をもって未来を定め、倦まず弛まず今できることに最善の努力をしてゆく……。併せて光の言葉を唱えるように努める……。そうすることにより言葉と思考は両輪関係にありますから、光の言葉の影響を受けて思考が良いチャンネルを選ぶようになってゆくのです。

霊的に捉えれば、人には送受信機能がある

霊的に捉えれば「以心伝心」の能力を持つ人は受信機能と送信機能を有しています。ですから光の言葉を活用してポジティブな意識を持てば、その波動を無意識のうちに発信してゆき同調波長の法則によって、その光の言葉に見合うポジティブな現象を受信できるように、この宇宙は仕組まれているのです。思いは現実化する力を有しているのです。すなわち明るい境涯・運命が展開するようになるのです。

過去の経験・情報を根拠に置いた「思考・心」のコントロールは難しいものです。が「言葉」は未来に向けて自由に発信できるものです。ですから「思考中心」でなく明るい建設的な「言葉中心」に未来に向けて生きてゆく……そこにポイントがあるのです。

たとえ暗く病んでいても、貧困で不幸であってもその現実にフォーカスせずに光の言葉に焦点を合わせ、心に染み込むように声に出して繰り返し唱えることにより幸福

と救いの道が開かれてゆくのです。

物質世界では、言葉エネルギーの効率が悪い

では、どのくらい唱えれば効果が現われるのでしょうか？　勿論、一度や二度ですぐ結果が現われると期待しないでください。何故なら殆どの不幸な現象は幾多の輪廻《りんね》転生《てんしょう》で積み重ねて来た罪穢《けが》れや歪《いびつ》の浄化現象として起きているからです。その負のエネルギーは強いのでそれなりの努力が必要であることは言うまでもありません。言葉によって即効的に己の理想とする夢が実現できるかというと、現実には叶いにくい。霊界と違って重力に支配された地上世界である故に、形ある物質の世界では難しい一面を有しているのです。

何故なら、言葉通りに実現するならば楽なのですが、同時に恐ろしい一面も抱え持つことになるからです。私たちは過去にネガティブな言葉、悪い言葉、傷つける言葉、波動の荒い言葉を発信し続けてきました。また、言葉の神性に目覚めない人は今後も

そのような悪しき言葉を言ったりするものです。

もし言葉が即現実化するならば、人間世界はこれらの負の言葉によって今まで以上に暗い修羅の世界を現出させてしまうことは明らかでありましょう。それ故に宇宙の創造主はこの重力が支配する三次元物質世界では、言葉の持つ現実化のエネルギーを制限しておられるのではないでしょうか？　言葉・意志（想念）が即現実化する世界は、この物質世界でなく霊界（波動）の世界であると言えるのです。

ですから、今まで人々は神社仏閣などで健康・幸福・発展・成功ｅｔｃ.を求め祈ったり願掛けしてきました、また日々の生活の中でも祈りの言葉を唱えて生きてきましたが、容易に実現するに至らなかったのです。

それでも、その祈りの言葉のエネルギーは確実に発信されているのです。が、地球物質世界は重い波動が支配しているため、どうしてもタイムラグが生じてしまうのです。その間に人々は不安、疑い、迷い、否定の想念を湧き起こし、折角の夢実現、救いの道を歩み始めていながら、途中で挫折し自ら葬ってしまっていたのです。この堂々めぐりを繰り返し人生を無駄に送ってしまう人が殆どではなかったでしょうか？

本書ではこの壁を打ち破って私たちが幸福と発展の人生を摑む道を伝えているのです。読者の皆さんがこの高い壁を乗り越えられるように、以下「光の言葉」実践のノウハウのポイントを箇条書きにして紹介してゆくことにいたしましょう。

光の言波とは？

第二章で紹介してありますが、平たく表現すれば光・愛・感謝・喜び・赦《ゆる》し等の明るいエネルギーに満ちた言葉であり、第九章の光透波の字割により解読した言葉や文字の奥に潜む真理＝天のご意図の言葉と言えます。その愛と調和と発展に繋がる代表的な光の言葉を図版13・14のように紹介しておきます。

光の言葉

嬉しい・楽しい・幸せ

感謝・ありがとう・愛してます

ついている、ついてる・許します

健康だ・円満だ・治る・良くなる

問題ない問題ない・大丈夫大丈夫

図版13

言波はエネルギー

私はできる・叶います・私は成す

調和します・確信します

私は光・光は闇に打ち勝つ

「～できない」「～がない」「～は無理だ」
否定的な言葉は、使わないようにしましょう

図版14

【光の言波の活用　実践ポイント】

○言葉エネルギーの善用こそ、体主霊従から霊主体従への最善の道です。これからの時代は霊的な力（波動＝エネルギー＝精神）を主体にした生き方へ転換する時代なのです。光の言波のエネルギーの活用こそ、時代の最先端の生き方でもあるのです。

○ハッピーな良い言葉のエネルギーを最大限に発揚させるには、積極的に声を出して繰り返し唱えること。
言葉は増幅機能を有していますから、良い言葉のエネルギーは機会ある度に繰り返し唱えた方が良い。

○言葉のエネルギーを効率的に活用するには、自身の願望・目標を簡潔に紙（カミ↓神）に書いて貼り付け、朝夕唱えると効果が高まります。

○負の現象に囚われない。嫌な現象はあっても、ハッピーな言葉に心をフォーカスする。

不幸な現象に心を奪われると、人はどうしてもその負のエネルギーに引き込まれてしまう傾向があります。したがって、その負の現象があってもできるだけ無視し、良い言葉に心の支点を置いてハッピーな言葉のエネルギーにフォーカスする。

○悪しきことも浄化の現象、厄落としの現象だとプラスに受け止め、感謝するようにする。

また負の現象は己の魂の高次元化の学習体験であるとポジティブに受け止めること。何事も明るく陽気に……、「泣きっ面に蜂」でなく、「泣きっ面に笑い」で捉えてゆくのです。そうすると無数無限に脈打つ宇宙の波動から、明るい笑いの波長に見合うものを受信するようになるのです。その引き金になるのが光の言波なのです。

○負の現象は押しなべて浄化の現象、厄落とし、デトックスである。陰陽・明暗・幸不幸・清濁・プラスマイナスというように何事も二面性を持っているのが地上三次元の世界であるから、そのプラスの面にフォーカスする。その時に心を光に向けてくれるのが光透波の字割解釈です。図版15・16の文字はその代表的な図解です。

○私たちが現実世界と思っているこの世は仮の姿であり、また宇宙の実相は第四章で記したように全て波動の現れ、言葉も波動でありエネルギー。ならばこの両者には同調波長の法則が働くことは必然である。それ故に「絶対的信念」を滾《たぎ》らかせて倦まず弛まずハッピーな言葉のエネルギーを発信してゆくことがポイントになります。

○言葉のエネルギーを発揚し、絶対的信念を持つことにより負の現象を最小限に食い止め、解消することは可能です。

ところが人間世界はやっかいなものでハッピーな言葉を唱えれば直ちに「絶対的な

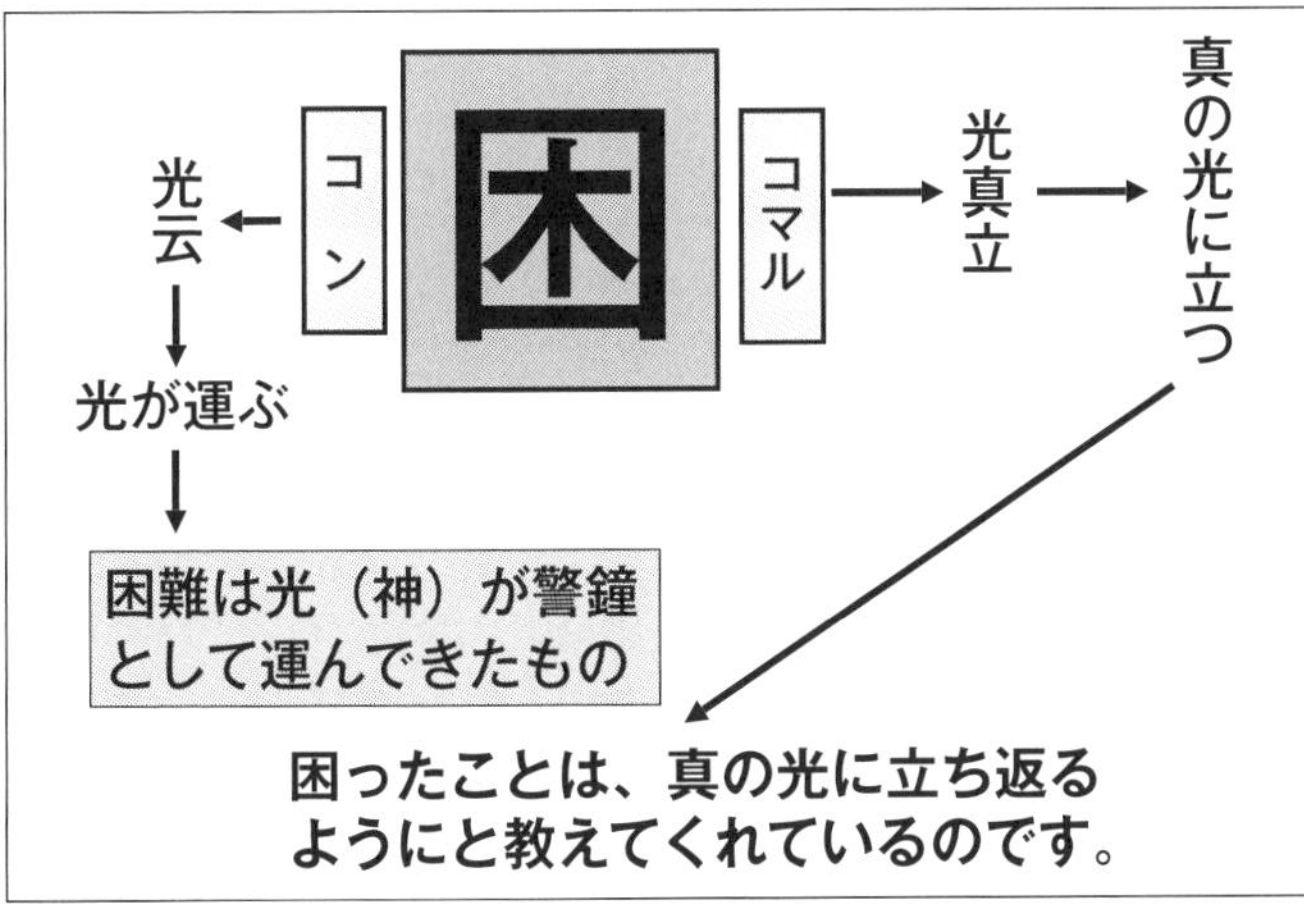
困
コン
コマル
光真立
真の光に立つ
光云
光が運ぶ
困難は光（神）が警鐘
として運んできたもの
困ったことは、真の光に立ち返る
ようにと教えてくれているのです。

図版15

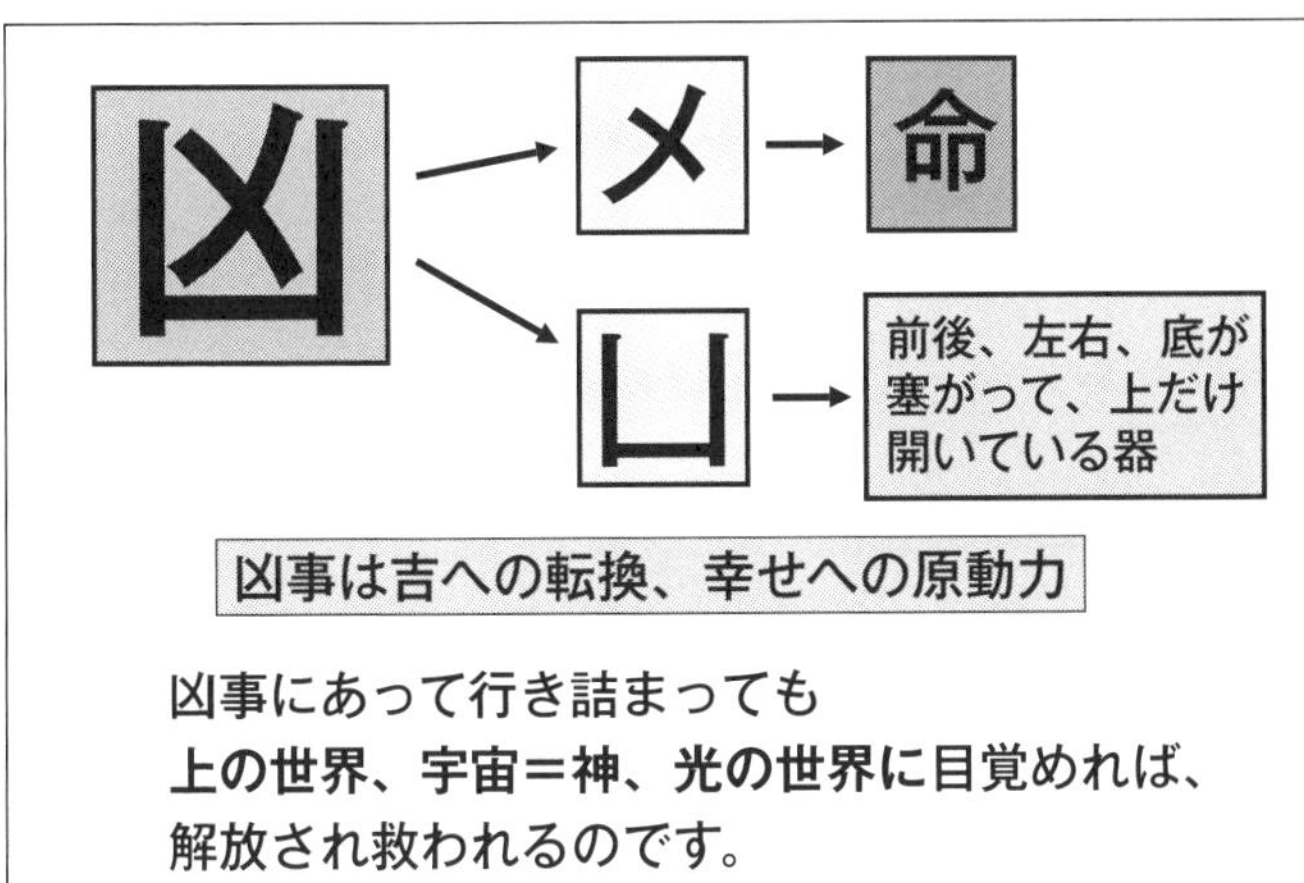
凶
メ
命
凵
前後、左右、底が
塞がって、上だけ
開いている器
凶事は吉への転換、幸せへの原動力
凶事にあって行き詰まっても
上の世界、宇宙＝神、光の世界に目覚めれば、
解放され救われるのです。

図版16

信念」を持てるか？　というと、なかなかそのように切り替えることが難しいものです。

信念が持てなければ持てないなりに、ここで提案している活用ポイントに沿って日夜、光の言葉を唱え、光の言葉のエネルギーを発信してゆくように心掛けてゆくということ。そうすることにより闇の方向から光の世界への転換が叶うようになってゆくのです。

【願望実現の実践ポイント】

○光の言波を唱えて願望実現を願うポイントは、

1）同時に強いメンタルイメージ（心像）を描き続けるとパワーアップします。

2）願い事を簡潔に紙に書いて貼っておくと効果的です。

3）事前に願望が実現したことを図版17のように宇宙の偉大なる御存在（自身が心のよりどころとする大神様・創造主・サムシンググレート等）に感謝すること

創造主様、〇〇の願い事を叶えていただきました。ありがとうございます

嬉しゅうございます
楽しいことでございます
幸せなことでございます
感謝申し上げます
心より御礼申し上げます

あとは、実現したことを信じ切って、
時＝答基＝答来を待つのである。
〇〇が実現した時のワクワク感を持って
日々努力をして、答来を待つのです。

図版17

が重要です。

以上、「光の言葉」実践のポイントとして提唱させていただいているのですが、それでも現実生活では様々な戸惑いが生じてくるものです。

それで、「光の言葉」普及に筆者と共に努め実践している同志であり敬友である新井慎一氏との交信録を紹介し、光の言葉実践の活用ポイントを次章で補うことにさせていただきます。

第八章

「光の言葉」実践のポイントを語り合う――（その1）言波のエネルギーで健康・幸福・発展を掴む

光の言波の同志・新井慎一氏の紹介

丸紅の商社マンとして世界各地を股にかけて活躍してきた実績の持ち主で、現在、電池関係の企業を設立し社長業に専念されています。自称、元々の唯物論者とのことです。筆者とはひょんなことから知り合いになり、言葉の大切さを語り合ううちに自然と友達になりました。光透波に共鳴された新井氏は実生活や事業の面で「光の言葉」を実践されています。

光の言葉により新井さんの夢が即効的にどんどん実現しているわけではないのです

が、光の言葉を実践する前と後では事業展開や生き方で大きく違う体験を重ねられています。

さらに新井氏は光の言葉と行動で自身の夢を手繰り寄せ、現世利益と宇宙の摂理を同時に理解しようと努められています。

自身の体験をベースに光の言葉は、決して宗教でもカルトでもなく、ただ「ありがとう」「健康だ」「大丈夫」等と言っていれば魔法のような展開が生じて、それまでと違った精神状態になり、環境も違ってゆく……。

新井氏は機会があれば「やってみてください、ただですし（笑）、副作用も起きません」と、周囲の人に光の言葉を推奨されています。

新井　「良い言葉を使っていれば、良いことが起きる」「負の出来事に遭遇しても、良い言葉を発することでプラスに転換してゆく」

人は地球45億年の歴史の中の記憶から、ＤＮＡに恐怖、心配などの記憶があり、それが潜在意識に作用して、影響されていることは事実だと思います。
それらを寄せ付けない方法は「プラスの言葉、言霊」だ、と単純明快に言えるのです。
多くの人は恐怖、心配の負のエネルギーの影響を大きく受けていますが、それよりも常に強いのは「プラスの言霊」であるとの理論は重要だと思います。

宿　谷

それが、あらゆる波動の中で最高究極・最強の波動である光透波→光の言葉ということですね。

「Happy《ハッピー》にしてくれる言葉」＝「光の言葉」

新　井

「悪魔より神の力が強いと言い切ることが大事だ」と思います。実践が大事ですよね。

プラスの言葉をできるだけ使って、目の前の喜怒哀楽、森羅万象の出来事をプラスに変えてゆく。

霊界などの四次元以上の世界では想念によって瞬時に変化してゆきますが、地球の三次元物質世界では重力とタイムラグがあり、すぐに現象化しませんね。さらに潜在意識内の洗脳部分の掃除等も必要だと思います。

ストレスが非常に強かった時に「嬉しい」「楽しい」「幸せ」等の言葉は、心が滅入っているので言えない。言いづらいものです。

でも、比較的に「ありがとう」「感謝します」「健康です」などは言えないこともない。

その時にこう考えました。確かに、無理やりに言うことは不自然なので、その時に言える光の言葉を言う。

ストレスが非常に強い時、その問題が解決していない時は、幾つもの光の言葉を言う必要はない。が、そのストレスが強い時でも小さな嬉しいこと、楽しいこと、ついていること等はゼロではないと気が付きました。

宿　谷

絶望の渦に巻かれていても、どのような境遇にあっても、小さく感謝できることは必ずあります。そこにフォーカスして繰り返し光の言葉を声に出して唱えると、喜びの波動を発して宇宙に良い波動が発信されるのですね。

「落ち込んでいる自分は、自分自身の全体のほんの一部に過ぎないことを忘れないでください」

人はネガティブな時ほど明るい言葉を唱え難いものです。でも、その時こそ光の言葉を発し続けることです。そこに光の道、救いの道、活路が開かれて来るのです。

闇に閉ざされたマイナスの境遇の中でも「これは自分の本来性と異なる」と受け止め、宇宙に繋がる明るい良い発想に切り替えるのです。「感謝」「ありがとう」「嬉しい」などの光の言葉を繰り返し唱えるのです。

すると絶望・苦悩の中でも発想が切り替わり、考え方が逆転して、光の方向へ心が変わってゆく。そのポイントを以下、箇条書きで紹介しておきます。「光の言葉」の効果を上げるポイントでもあります。

光に心を転換させる具体的な発想

・これはデットクス、浄化現象である。
・厄落としである。
・カルマの解消である。
・己の成長のための試練である。
・これは全体の自分ではない。ほんの一部の現象である。
・自身の力をアップしてくれる導きである。
・魂の学び、魂磨きである。
・未来に向かっての種まき、陰徳を積んでいるのである。
・タイムラグがあるから、もう少し時を待とう。
・今は現象化していないが、必ず潜象界・実相の世界では良くなっているのだ。

・来世への貯金だ。これも因縁浄化の陰徳を積んでいるのだ。
・自分の行動は周囲の人たちに良い影響を与えているのだ。
・神様は必ずお喜びだ。
などなどと発想を転換して、プラスに思考を回転させ心を光に転換して、そこにフォーカスし、光の言葉を繰り返し発するようにするのです。

この世の実態は波動であり、フォノグラフです。この世は仮の世なのです。実相の世界は、すなわち宇宙の真相は病なし・苦なしの完全無欠なる世界なのです。現象は一時的な影、影は必ず消えて行く。どんな長いトンネルでも必ず開かれる。それが宇宙の真理であることに心を向けることです。

新井

日々唯物論の世俗界を生きる中でも、光の言葉を発し続けると神からの閃きや導きを得られる。それに沿って少しでも改善してゆくように努める。が、ここがなかなか難しい。

それには地道に光の言葉（ありがとう、楽しい等）を言い続け、心ひそかに神を信じ、自身を信じ切ってゆく、これが王道ですかね。

でも、そうしているつもりでも、喜怒哀楽が日々訪れる。それこそ人間を生きている証拠と開き直り、一杯飲んで、やり直す。この繰り返しをしていると、いつの間にか夢が全部実現すると信じることができて、今日もやることをやっていけます。

「人間としてやることはやる」あとは全託です。

「人事を尽くして天命を待つ」とも違います。人間としてやることはやる＝人事を尽くすは、その通りですが、「天命を待つ」は、未だそこに人間〈＝自分〉がいますね。

その天命すら待たない。全部「全託」です（笑）。

全託なんで、「全ての結果にありがとうしか言えません」「瞬間、え！　という出来事にもありがとうです」ここは難しいところですが、そこが勝負所（笑）です。

宿谷

そしてハッピーな言葉、光の言葉を宇宙に向けて繰り返し発信するとともに、今できることに最善を尽くす。その波動によって絶望的な境遇から救いの道が開かれてゆくのです。

必ず、自身の発する周波数に応じた世界へと、同調波長の法則・引き寄せの法則通りに活路が開かれてゆくのです。何故なら、この宇宙一切は波動の法則によって動いており、それが宇宙の真理であり、法則であり、掟であるからです。

この信念を貫き通し、その時、その場で最善の努力をしてゆくことです。後は「天は見ている、聞いている……」、神様・天を信じて、その結果を素直に受け入れることです。自身の願い通りでない結果が下ろうが、それが天のご意図であるのだと、従《しょう》容《よう》として受け入れる……そのような姿勢が求められるのです。

その時は自分にとって不都合、不如意であったとしても、長い人生ですから、それが災い転じて福となってゆく……と信じ、これも天のお導きと感謝して受け入れるのです。

どのような結果、どのような境涯になろうとも、プラスに捉えられるか、マイナスに捉えるか、それによって自身の幸不幸は百八十度の開きが出て来るのです。ある意味で諦め、諦観も自身の魂磨きの過程では必要になって来るのです。

新井　「諦観」は諦めるの意味でも使用されますよね。でも、「諦める」とは本来は「あきらしめる」の意で、「宇宙構造を自分の心の中で明らかにすること」を意味するそうです。

「念を入れて生きろ」、「念」とは「今」の「心」と書くので、「今を心して生きろ」、目の前にあることを一生懸命やりなさい、過去を追うな、未来にわずらわされるな……とも。

「好調」とは出来事で選ぶ言葉じゃない。「好調」↓『好』い『言』葉を『周』りに発信する。すると『好調』になる」ことを教えている文字です。「好い言葉を周りに出す人が絶好調の形になる」⇓そういう言葉を言うだけじゃなく、同時に行動もとるように心掛けています。

光の言葉を言い続ける、そのように行動する、するとその先に絶好調が来る。

正に、⇓言葉が先で、出来事は後。ここ大事ですよね。

私も、時々勘違いするのです。言っているつもりでも、良いことが来ないとあれっ来ないって、不安、不満になる。そんな時は、さらに来るまで「言い続ける」かが大事ですよね。

でも、皆、途中で疲れちゃう。

絶好調になりたいなら、好かれる言葉、光の言葉を周りに言い続け、行動するだけで良いことを理解することが大事ですね。

「良い出来事」にはありがとうと言えるのに、今、良い出来事が起きていないと、「ありがとう」が言えない。「ありがとう」って言わないから、「ありがとう」って言える良い出来事が来ないのに。

光の言葉を言い、正しく行動するだけで、絶好調になるって、簡単過ぎては信憑《しんぴょう》性《せい》が無くなっちゃうでしょうかね（笑）。

「光の言葉、毎日使ってるよ、でも絶好調が全然来ない、いつ来るんだよ、そんなに簡単なら皆幸せになる筈じゃん」と途中で文句言っている人たちが未だ大半なんではないでしょうか。

宿谷
「好調（＝好・言・周）」ですから、「好い言葉を周りに出すことが『好調』」好調とは人が喜び、自分が喜び、身体が喜び、心が喜び、全てが喜ぶ、そういう言葉を周りに発すること。すると人は絶好調になってゆくことを教えているのですね。

光の言葉の実験例

新井
私の8年来のヨガのコーチから聞いた話を紹介させていただきます。
双子の娘、小学5年生の夏休みの宿題の報告として「光の言葉と悪い言葉がどう作用するか」の研究テーマで一緒に行った実験記録を写真付きで見せてもらったのです。

生卵をタッパーに入れ冷蔵庫に保管。一つには「ありがとう、美味しい、楽しい」等の光の言葉を書いた札を張り、一方には「まずい、きらい、バカ」等の悪い言葉を書いた札を貼って経過を見た実験です。

すると7日目に悪い言葉の方は黄身が割れてしまった。一方、光の言葉の方は黄身もそのままで、30日目以降も変化なしで継続中（腐敗も無し）。その写真を見せてもらったのです。

明確な違いです。しかも、毎日話しかけることもしないで、ただただ放置したままの結果です。この実験で、言葉そのモノに力があることが分かります、言葉掛けしなくても、心を込めなくても「書いた文字」、それ自体で効果が出ることが明らかになったのです。凄いことです。

光の言葉（言霊）、文字自体も良いエネルギー（振動数）を持っていて、その時の気持ちに関係なく良い現象が現れる。

宿谷　「文字」↓モジ↓「母慈」↓「親神の慈しみ」と展開できます。

さらに「字」↓「ウ」＋「子」↓「ウ」＝「宇宙」、「子」＝「ネ」＝「音」。

ですから「字」とは「宇宙の音」を形に示したもの。したがって当然、そこには波動が脈打っているということです。

そして、この世の一切のモノは、現代科学でも認知しているように波動によって成り立っているのですから、この実験結果はその真実を明確に証していると言えますね。


新井　気持ちが沈んでる、落ち込んでいる時こそ、ありがとう、大丈夫、楽しい、許します、愛してます……光の言葉で救われる……、この事実が素晴らしいです。

当然、気持ちと環境がプラスの時は感謝のありがとうが一番似合いますよね。

その時の気持ちがマイナスな時ほど、光の言葉を言っていると、その光の言葉が持つ愛の振動数が周りに伝播し、その振動数を持つ現象に共振し、言葉を発した人の環境が良くなり、夢が実現して行く、と理解してます。

ですから私は「大丈夫、大丈夫、ありがとうございます、ついている、ついている、解決」と常に言ってます。

でも、こうやっていても、時々本当に大丈夫かと不安になる（苦笑）、だからこそ、光の言葉を発しネガティブをゼロに（空に）することが大事と理解しています。

宇宙の無限の愛を日本人に送ってくれたありがたい「日本語」、その中に光の言霊があり、それを言うことで事態が好転する。


この私、長い間、唯物主義（お金第一、他）の洗脳を受けて来たので、まだまだです。が、逆にまだまだだから継続、実践が大事と逆手に取っています（笑）。

既に述べた如く、光の言葉は不安、心配等が心をよぎる時こそ、特効薬だという点です。絶好調の時は人はいけいけどんどんで、そこに気が回りません。

不安、心配の時に神にすがる如く、光の言葉（言霊）にすがれば良いんだよって、本当に優しい愛の心です。

不安な時こそ言っていれば、いつの間にか好転するんだよって、本当に単純な真理です。

基本の光の言葉である「ありがとう、感謝します」の他は、その都度その時の気分次第で変えてゆくのが長く継続できるコツかとも思っています。

定型の言葉群の代わりに、その時の気分で変化させる意図です。「大丈夫、ありがとう、感謝します」の後に、今は「儲かります、できました、解決、あれもします、これもします」……など、気分次第で光の言葉を変えています。

変えるって気分転換にもなるし、面白いし。

現状を変えるんだと、力を入れて言うのって、ダメな感じがします。力を抜いて、自然体で光の言葉のエネルギーを単純に信じて、無心で言う、言ったら（強く信じる必要はなく）後は、忘れて、目先のやるべきことをやる。

宿　谷

一生懸命になったり、願望実現の強い意志で唱えると、どうしてもそこに執着の心、欲の心が入り込み、そのため余計に波動を落としてしまいますね。
光の言葉の波動自体も落としてしまう……、ですから新井さんのように臨機応変に、ニュートラルな気持ちで光の言葉を唱えるということは素晴らしいことです。

光の言葉と共に歩む

新　井

光の言葉の実践体験、あちこちにぶつけながら、実践しております。中間方向的には光の言葉を日々言っていると、全てがプラスに変化するというよりは、相変わらず、日々喜怒哀楽現象は出てきます。

でも、そのマイナス現象に対し、光の言葉を言っているのに、どうしてそうなるんだろうと沈む時間の後に、「どこが間違っているんだろう」と考えることができ、その後、このマイナスをプラスにしたいと思い直し、行動を見つめ直し、また光の言葉と共に歩む（生きる）。

するといつの間にか、気が付けば、プラスになっている、こんな感じでしょうか。マイナス現象が出た時に諦めないといいますか……。

でも、誰でもマイナスの時は落ち込みます、またこの期間は忍耐もいるし、修行期間だ、熟成期間だとか、割り切り、人生勉強をさせていただいているんだと感謝できれば、百点ですね。

私の友達が「光の言葉は弱い気持ちで言ってもダメ、曇り空から光は射し込まない」

「強い気持ちで心の中から外へと湧き出たならば祈らずとも黙ってても流れ出す。それがこの世の摂理だから」とブログに書いてました。

彼のこの考え方は妥当と思いますが、私は少し反論をしてます。「心のコントロールは至難」ですよね。人間は新皮質の前頭葉を獲得したので、今の人間になり、便利な地球世界を作ったが、同時に、宇宙（神と同義語）との絆、繋がりを忘れ、地球の唯物主義に生まれた時から洗脳されているので、即効では効果が出ないという現実です。

なので、私はとにかく日々実践です。すぐに効果が出なくても、むしろ、え！　というマイナス現象が出ても、負けずに、愚直に、光の言葉を言いますよ。光の言葉で心身よりマイナス状況を追い出し、デトックスです。

不要なモノがあればあるほど、デトックス効果は劇的でしょうね。すっきりして、夢実現。後は、皆の笑顔と、言霊、光の言葉、ありがとうですね。

宿谷

言葉というものは過去（前世も含む）の経験や情報を根拠に生み出す思考と違って、未来に向かってニュートラルに自由に唱えられるものです。

過去に囚われず、現実に囚われず、現実を超えて、誰もが自由に光の言葉を繰り返し発信できるのです。

その波動により無意識のうちに次第に思考が動かされてゆくのです。光の言葉のエネルギーが心に沁み、その度合いが深くなるにつれ、言葉と思考は車の両輪関係にあるので、光の言葉の影響を受けて思考が良いチャンネルを選ぶようになる。

実は人間というものは霊的に捉えると送信機であり受信機でもあるのです。この宇宙は全て波動によって生成流転しています。

自身が発する意識的・無意識的な心の周波数に応じて、無限な数の波動に満たされ躍動している宇宙は、同調波長の法則によって「善なること」も「悪なること」も届けてくれるのです。

テレビはチャンネルを切り替えることによって異なった映像が映し出されます。このテレビのチャンネル機能が人にとっては「心＝思考」にあたるのです。言葉はそのチャンネルを替える原動力なのです。私たちは選んだチャンネルに応じた映像世界で生を営んでいる、とも言えるのです（図版18）。

このチャンネルたる「心＝思考」と「言葉」の関係は車の両輪、切っても切れないのです。表現を変えればチャンネルである「心＝思考」を変えるエネルギーが「言葉」ということです。

ですから過去に囚われた思考でなく、未来に向かって自由に発することができる言

霊的視点で捉えると、人は受像機
心のチャンネルを変えれば別の世界が
言葉がチャンネル＝運命を変える決定者
NEWS
図版18

葉を活用しない手立てはないということです。「光の言葉」→「明るい心」→「明るい出来」→「明るい運命」へと展開してゆくということです。

新井　光の言葉を言った後、納得のいかない出来事が起こると、つい愚痴が……（苦笑）。で、また光の言葉を発するという繰り返しです。

愚痴（不安、心配、その他全てのマイナス言葉）のエネルギーは光の言葉よりは小さいので、放って置けば消えるのに、人はそのマイナス波動に執着してしまい同調するから増幅してしまいます。その時こそ再度光の言葉を……。

偉いお坊さんで「全ては必然、必要だから起こる。全てを受け入れれば、プラスもマイナスも無い。全部プラスになる」と言った方がいますが、私はそこまで悟りたくないです（笑）。

光の言葉は神様からの贈り物

宿　谷　人は迷うように神様は創造されているようですね。小生などその連続ですよ（苦笑）。人生、生きる上で迷いは付きものであると、諦観するより仕方ないのでしょうか？でも「迷い即魔」とも言われています。
それ故に光に向かって歩むため、迷っても期待通りいかなくても、それに負けることなく光の言葉を発声、発言することをベースに最善に生きる、そこに人の歩まねばならない道があるように思っています。

新井

人は迷うように作られている、そう思います。だから修行の一面もあるのでしょう。迷わないためには全部を受け止めれば良いと言う人もいる、簡単ではない。だから諦観して一度諦める、するとそこから違った世界が始まる。

最強は良寛さんですよね。

「災難に逢う時節には災難に逢うがよく候　死ぬ時節には死ぬがよく候　これはこれ災難を逃がるる妙法にて候」

私は光の言葉のポスターにある「嬉しい」「楽しい」「幸せ」の三つの言葉は、何故か不自然に感じたことがあり、言う機会が少なかったです。

今嬉しくもないのに、楽しくもないのに、言えば言うほど、そうでない状況を無意識に再確認してしまうのでは……？　さらに幸せってそんなに軽々しく言うモノなのか……等の感じで……。

先日の講義の折に「光の言葉にはプラスのエネルギーがあるので、ただ言っていれば、そのプラス（光）の振動数に心と体が共振し、自然とその光の振動数になり、環境もそうなる」との話を聞きましたが、その後「嬉しい、楽しい、幸せ」も抵抗感無く自然と言えるようになってます。

光の言葉（言霊）は神様からの贈り物なんだから、効果抜群、しかもただ（笑）。

ありがたいことですね、本物、真実は本来実にシンプルなものなんですね。

第九章

新時代の道標《みちしるべ》「光透波理論＝命波学」は小田野早秧先生の卓越した能力と探究により誕生

本章では光透波理論＝命波学についての話に移させていただきましょう。今までで幾つも紹介してきましたように、光透波は文字の奥に秘められた真理を読み解く言霊学です。が、ただ無闇矢鱈《やたら》に解釈しているのではありません。そこには鉄則がありま す。

それは宇宙を生成している究極の波動とも言える元素音＝50音の音霊を読み解いた一覧表＝天鏡図がベースになっていることです。この天鏡図があるからこそ言葉・文字の奥に潜む真理、宇宙のご意図を読み解くことができるのです。その天鏡図を世に出された方が光透波を啓《ひら》かれた小田野早秧《さなえ》先生です（図版19）。

光透波の祖・小田野早秧先生

長い探求と努力の結果、昭和32年末に
光透波理論を啓かれた小田野先生

図版19

光透波理論（命波学）の祖・小田野早秧

先ずは光透波理論の誕生からお話しすることにいたしましょう。大正11年（1922）に日本行きの北野丸船上でアインシュタインはノーベル賞受賞の報に接し、その直後に日本にやって来ました。彼は大変な熱狂をもって迎えられ日本各地で講演をしました。

そして我が国では相対性理論の話題が沸騰したのでした。そのときに「『相対性理論』があるなら『絶対性理論』がある筈だ……」と直観された女学生がいました。若き日の小田野早秧先生です。

明治41年生まれの彼女は当時高等女学校に在籍しており、数学などは百点以外取ったことがないという聡明な頭脳の持ち主であったそうです。大正13年に東京女子美術学校に入学され、この時に身に付けた資格で後に中学校の美術講師になるとともに、「絶対性理論」を思索されるようになっていったのです。その探求の意欲を一段と高めたのが相対性理論を根拠に開発された原爆の投下であったとのことです。

信ずることより「何？」という疑問をもって考えることが好きな小田野女史は以来、何かに憑《つ》かれたようにエネルギー理論と幾何法則（数理法則）をもとに、人間にとって最も尊く最高なものは「命」であるから「絶対性理論」とは「命ではないか？」と想定して、見えない「命」を真剣に考察追究するようになったのです。

ここで彼女の凄いところは、「命」とか「真理」とか「神」とか見えない世界を探究する場合、普通ですと先人の教えである宗教や哲学の世界に踏み込み、その世界の枠内で堂々めぐりして終わってしまうのですが、彼女は既成のそれらの精神的な教えや哲理に一切頼らず、持って生まれた「何？」「何で？」の類まれなる探究心と、聡明な知能と、幾何学的発想で絶対性理論を独自に究明して行ったことです。

長い長い歳月、傍《はた》から見ておかしいのではないか？　と思われるほどに思索に明け暮れ、次第に研ぎ澄まされた境地に入られてゆきました。それに伴い不思議な霊的な現象や導きを得て、絶対性理論が光透波であることに辿りつかれたのでした。その主なる経緯を以下、箇条書きに紹介することにいたしましょう。

小田野先生の略歴と、命波学誕生の流れ

明治41年（1908）3月13日　出生
大正11年（1922）15歳　「絶対性理論がある筈だ」と直観。
昭和6年（1931）23歳のとき母親が逝去
　その時に「生体―屍＝生命」、生命とは動・温・音＝エネル

ギーと悟る。

昭和24年（１９４９）1月、父親が逝去
黄金の光（絶対光）の霧に包まれる不思議な体験をされる。

昭和28年（１９５３）5月、「光」・「透」・「波」の光の文字が天井の隅の壁から小田野女史の顔に飛び込んでくるという霊的な体験をされる。その瞬間に「透」の字を「秀」と「走」に分解して、秀でた走り＝トップスピード……。絶対性理論の謎が「光透波＝コトハ」であることを悟られたのです。

同年　6月22日、午前9時ごろ、胸の上部に「白い人差し指」で「天鏡」と刻印される不思議な霊現象を体験される。

同年　6月25日、霊夢で「アイウエオカキクケコサ」の文字を見せられ、「サ」の次の「シ」音の表意文字が辞書を調べると３００以上ある凄さに気付き、仰天される。
以来、４年４か月にわたり、東京の田園調布の自宅でアイウエオ50音図表の一音一音の奥に潜む神意なる文字を、寝食を忘れて一途に探求し続けられる。その過程で不思議な導きを数々受けながら、纏め作業を進められていったとのことです。

昭和32年（1957）10月31日　123文字の「天鏡図」＝「文字の紐解図」＝「命波音76音表」を一先ず完成される。

この「天鏡図」によって小田野女史は文字の奥に秘められた真理＝神意の解明を続け、神の存在証明は文字によってできることを確信していったのです。

昭和32年（1957）～平成13年（2001）光透波理論（命波学）の考究、確立と、普及に尽力される。

平成13年（2001）11月24日　93歳　逝去

小田野早秧先生は、天鏡図を世に出されてから天寿を全うされるまでの44年ほどの間、名古屋や東京を中心に全国各地でセミナーを開催し続け、命波（光透波）の普及に一途に尽力されました。

その流れの中で昭和49年3月から14年間にわたって小田野先生の教えを学んだ一番弟子と言われる堀尾泉實氏と力を合わせ、理論体系化して命波学＝光透波理論を確立したのです。

が、画期的で斬新かつ深遠な「光透波理論」は、言語学会や言語研究家たちの物差しでは到底測り知ることができないまま、小田野先生に師事される光透波の研究家や信奉者によって引き継がれ今日に至っています。

「天鏡図」（天を映す鏡の図）が生み出された経緯

小田野先生は絶対性理論探究の過程で、この宇宙に鳴り響いているあらゆる音の元素音が50音であることを人類史上初めて突き止められた方です。そして50音の意味を読み解くことに成功して命波学＝光透波理論を確立されました。

4年4か月にわたって断食すれすれの探求生活を送られ、一音一音にどのような意味の漢字を当てはめたらいいか？　積極的な言葉・建設的な言葉・光＝宇宙に繋がる文字を選択されていったとのことです。

その過程の中で宇宙の理に沿わない違う文字を選ぶと、自身の生理機能に影響が出てくるというような、ご自身の命をかけての求道探究の末に元素音＝50音の意味を読み解かれていったのです。

そして昭和32年10月31日に「天鏡図」＝「命波音76音表」を一先ず完成されるに至りました。

註――「元素音＝50音」と「命波音76音」が混同されますので補足しますと、50音図表の枠外に「ン」音があり、さらに清音から派生した濁音20音、反濁音5音（パピプペポ）が音の元素音としてあります。
50音＋濁音20音＋反濁音5音＋ン音＝76音。
したがって、その時に応じて、音の元素音が50音とか命波音が76音と表現したりしますが、同じことを意味するものと、ご理解ください。

小田野先生の生涯をかけた壮絶な努力によって、絶対性理論＝光透波理論（命波学）が誕生し、今日に継承されるに至っているということです。

この天鏡図（天を映す鏡の図）の字を当てはめることにより、言葉や文字の奥に秘められた深意＝真理、宇宙のご意図が、不思議と読み解けるようになっているのです（図版20）。

併せて、小田野先生は英語のアルファベットに秘められた真理についても究明され，アルファベットは数を読み解く言葉、分析力のある言葉であると気付かれ、東洋を代表する言葉として日本語、西洋を代表する言葉として英語、この東西の言葉を総合的に読み解くことによって、命波学の字割理論は確立されていったのです（図版21）。

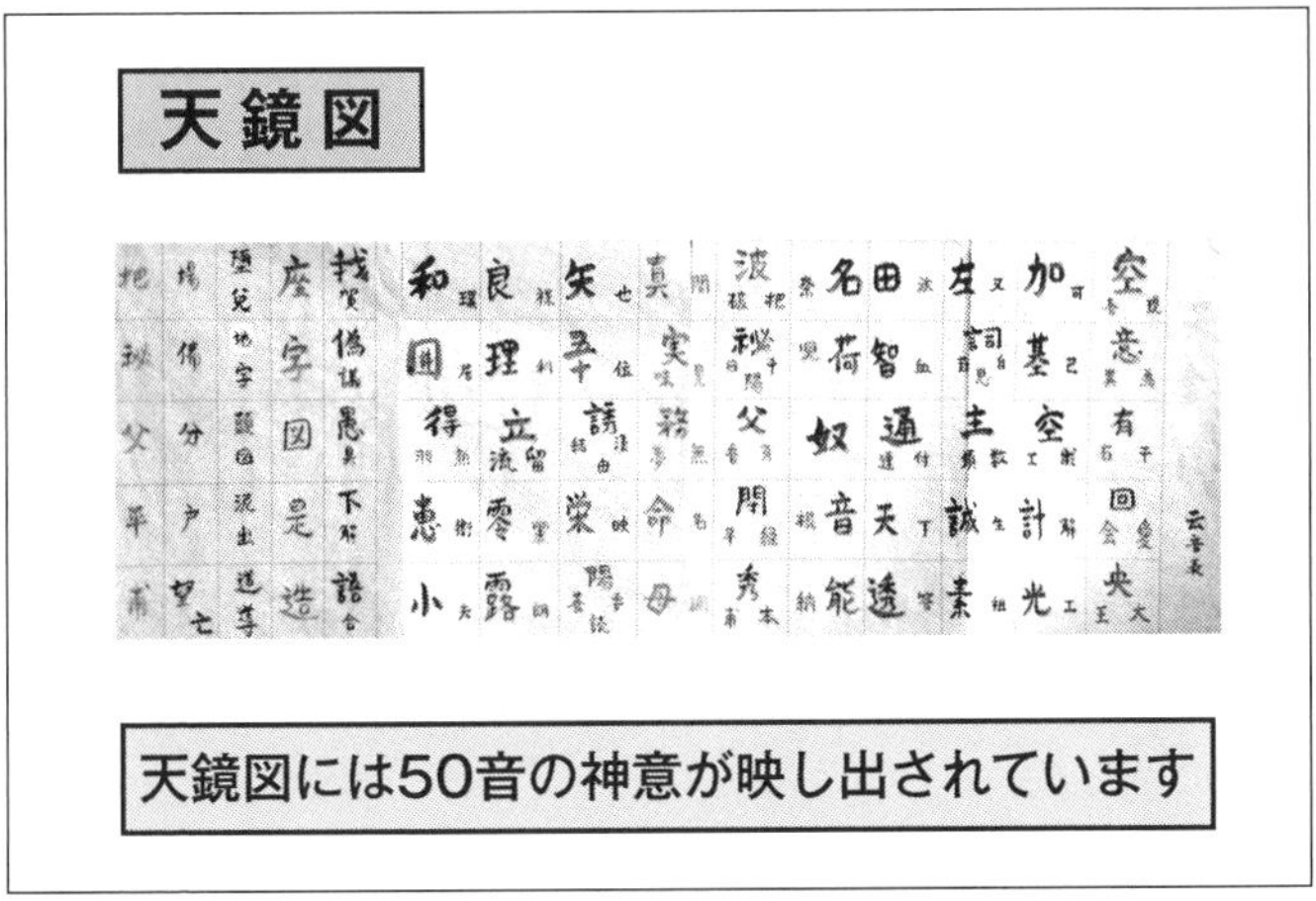

図版20

アルファベットの表数と裏数

アルファベットと数の一覧表

								i	j				
A	B	C	D	E	F	G	H	I	J	K	L	M	
!	"	#	$	%	&	'	(	)	!*	!!	!"	!#	(+)
"&	"%	"$	"#	""	"!	"*	!)	!(	!'	!&	!%	!$	(−)
Z	Y	X	W	V	U	T	S	R	Q	P	O	N	

Aの表数は1、裏数は26

Zの表数は26、裏数は1

2桁以上の数字の各桁数を加算して、1桁の数字に集約すると、
その数字の資質・性能が現われます。

図版21

始めの言葉＝詞、後の言葉＝語

命波学＝光透波理論では言葉を大きく二つに分けています。一つ目は遠い遠い太古の昔、そう、エデンの園の時代、サムシンググレートによって私たち人類の祖だけに言葉が降ろされた時の「始め言葉」です。それを命波学では光透波（こうとうは＝コトハ）と称しています。宇宙から降ろされた元のコトハであり、一文字で「詞」と表現しています。「詞」→「始」、始めの言葉です（図版22）。

二つ目は私たちが普段使っている言葉です。「語」→「後」で「後の言葉」と捉えています（図版23）。

長い長い時の流れの中で、私たちの先祖は始めのコトバ＝詞に対しアレンジにアレンジを重ね続け、今日の各国語・民族語のように分化していったのです。これらは全て始めの光透波＝コトハ＝「詞」から派生した後の言葉＝「語」と命波学では表現し

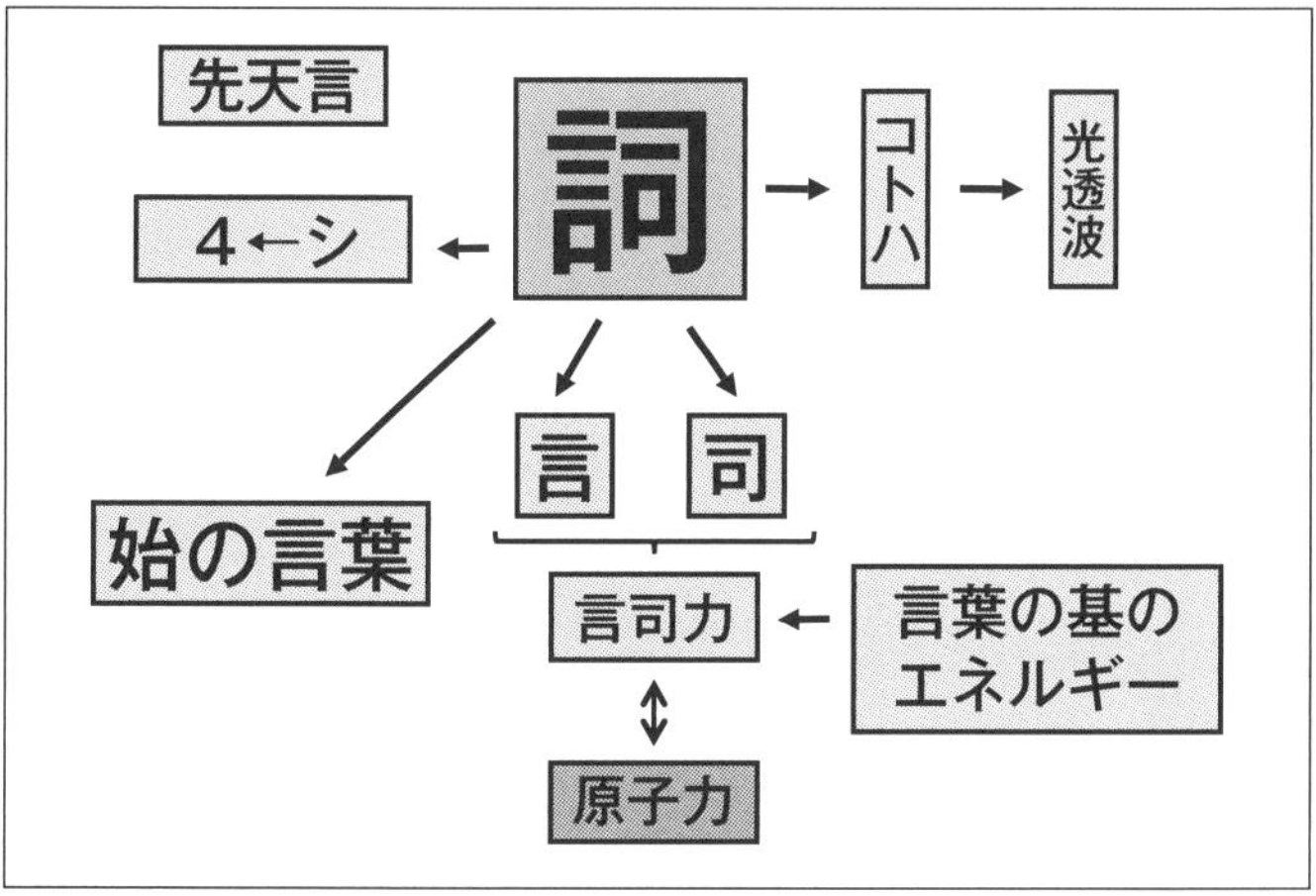
先天言
詞
4←シ
コトハ
光透波
始の言葉
言
司
言司力
言葉の基の
エネルギー
原子力

図版22

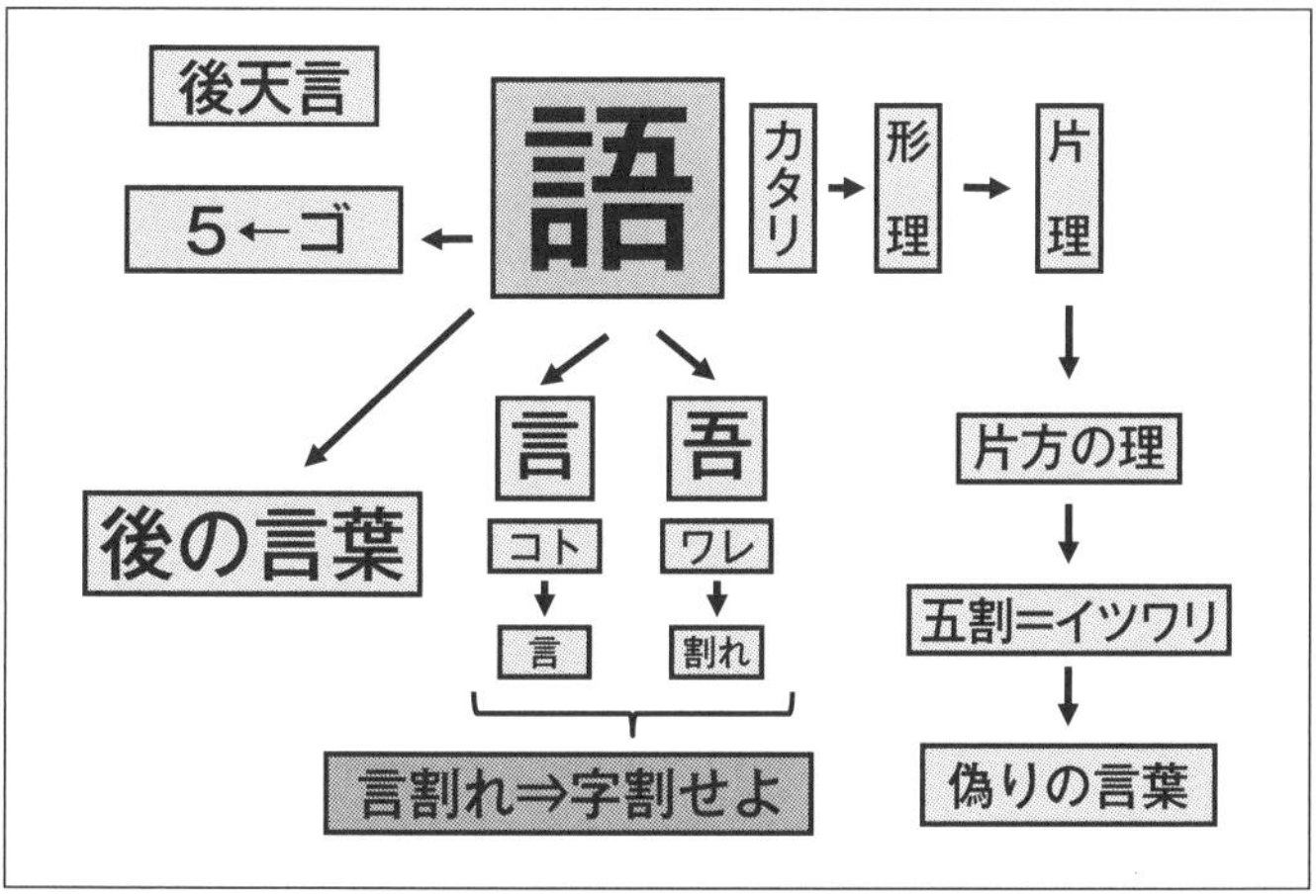
後天言
語
5←ゴ
カタリ
形理
片理
後の言葉
言
吾
コト
ワレ
言
割れ
言割れ⇒字割せよ
片方の理
五割=イツワリ
偽りの言葉

図版23

ています。

この「詞」から「語」に変化していった過程で何が起きたか？　と言いますと、当初、宇宙に繋がってエネルギーに満ちていた言葉が、次第に真の理から外れてエネルギーを失っていったのです。今日、使われている言語は全て宇宙の真理から遊離したエネルギーの無い言葉になっているのです。

ですから元は一つであった「始めの言葉」があって、それが幾万年、幾十万年という人類の歩みの中でアレンジされ、分化し続けて「詞」から「語」に転じて今の言葉になっていったということです。

その結果、宇宙に繋がっていたパワー溢れる言葉が時代の経過とともに繋がらなくなり、現代人が使っている言葉は日本語にしても英語にしても中国語にしても、全て宇宙と断絶した抜け殻のような言葉になっているということです。

ところがこの宇宙の理から遊離した「語」の言葉を命波学で字割すると、既に幾つも紹介してきましたように不思議なことに「詞」の意味、すなわち宇宙に繋がる意味＝真理＝神意が浮かび上がってくるのです。その手法によって小田野先生は数限りない文字を読み解き検算し続けて光透波理論＝命波学を確立されたのでした。

一切は波動によって生み出されています

既に記してきたように、この宇宙は現代科学で認知されていることですが全て波動によって成り立っています。驚くことに私たちの身体も心も命も……、そして太陽も地球もあらゆるものが、突き詰めて細分化してゆくと波動の世界に入ってゆくのです。量子力学で明らかになっているように原子、素粒子、クォーク、さらにもっと精緻な究極小の「閉じた紐」と推理されている世界も、突き詰めれば波動によって成り立っているのです。

言葉は音であり波動です。そして言葉と切っても切れない私たちの意識も波動の現われと理解できます。言葉→コトハ→言波→「光透波」、すなわち光すらも透明にする「光」の「透」明な「波」動の世界に繋がっているのです。

「初めに言葉ありき、言葉は神と共にあった。言葉は神なりき、全てのものは言葉によって成った……」と聖書のヨハネ福音書に書かれていますが、その深意はこのことを指していたのです。この聖書の「文言」を「光透波」に置き換えると「初めに光透波ありき、光透波は神と共にあった。光透波は神なりき、全てのものは光透波によって成った……」。聖書の文言も現代科学の見解も光透波理論とピタリと一致し、全ては波動＝光透波によって成り立っていることを証しているのです。

言霊の幸《さき》はふ国と言われている日本の国に生まれ出た文字の言霊学＝光透波理論により、私たちが使っている「語」の言葉を宇宙に繋がる「詞」の意味に読み解くことができるようになっているのです。表現を変えれば文字の奥に潜んでいた深義＝宇宙の真理＝神のご意図が読み解けるようになったのです。

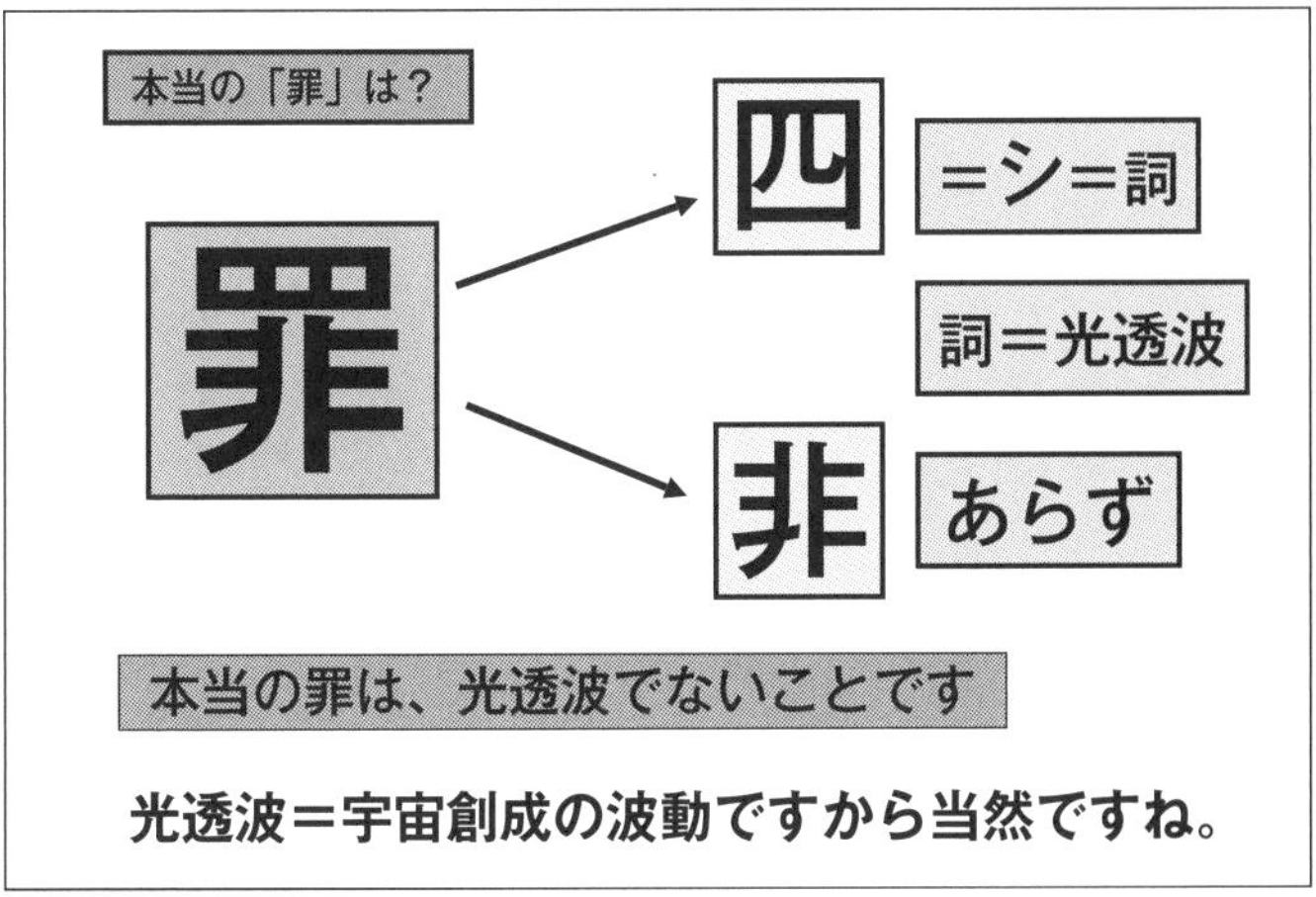

図版24

言葉の奥の真理こそ人類を救う道標

この言葉の奥に脈打つ真理こそ、今日の混迷に陥って進むべき道を見失った世界人類を救う道標となるべき情報であり、叡智でもあるのです。ここに破滅的方向に暴走している現代人を救う究極の道＝神一厘の仕組みが開かれているのです。

特に過去3千年の昔から人類が使っていた言葉は語の言葉、宇宙の真理から外れた言葉でした。ですから乱れた言葉↓乱れた波動↓乱れた意識を必然的に生み出してきたのです。そのことに対し図版

24の図解がものの見事に警鐘を鳴らしていたのです。

人類の究極の罪は光透波（コトハ）を忘れているところにあることをこの文字は明確に証しているのです。ここに人類世界が今日直面している危機と混乱の究極の原因が潜んでいたということです。

波動の善し悪し＝言葉の善し悪しで、幸不幸が分かれる

「言葉をコミュニケーションの道具」のように軽く認識している多くの人たちは「言葉」が宇宙の真理、波動に繋がっていることに気付かずにいました。

ところが「神」という文字を字割すると「神」↓「ネ」が「申」すと書かれています。「ネ」↓「音」↓「波動」に展開できてきます（図版25）。

ですから、良い言葉↓良き波動を発するか、悪い言葉↓悪しき波動を発するかによ

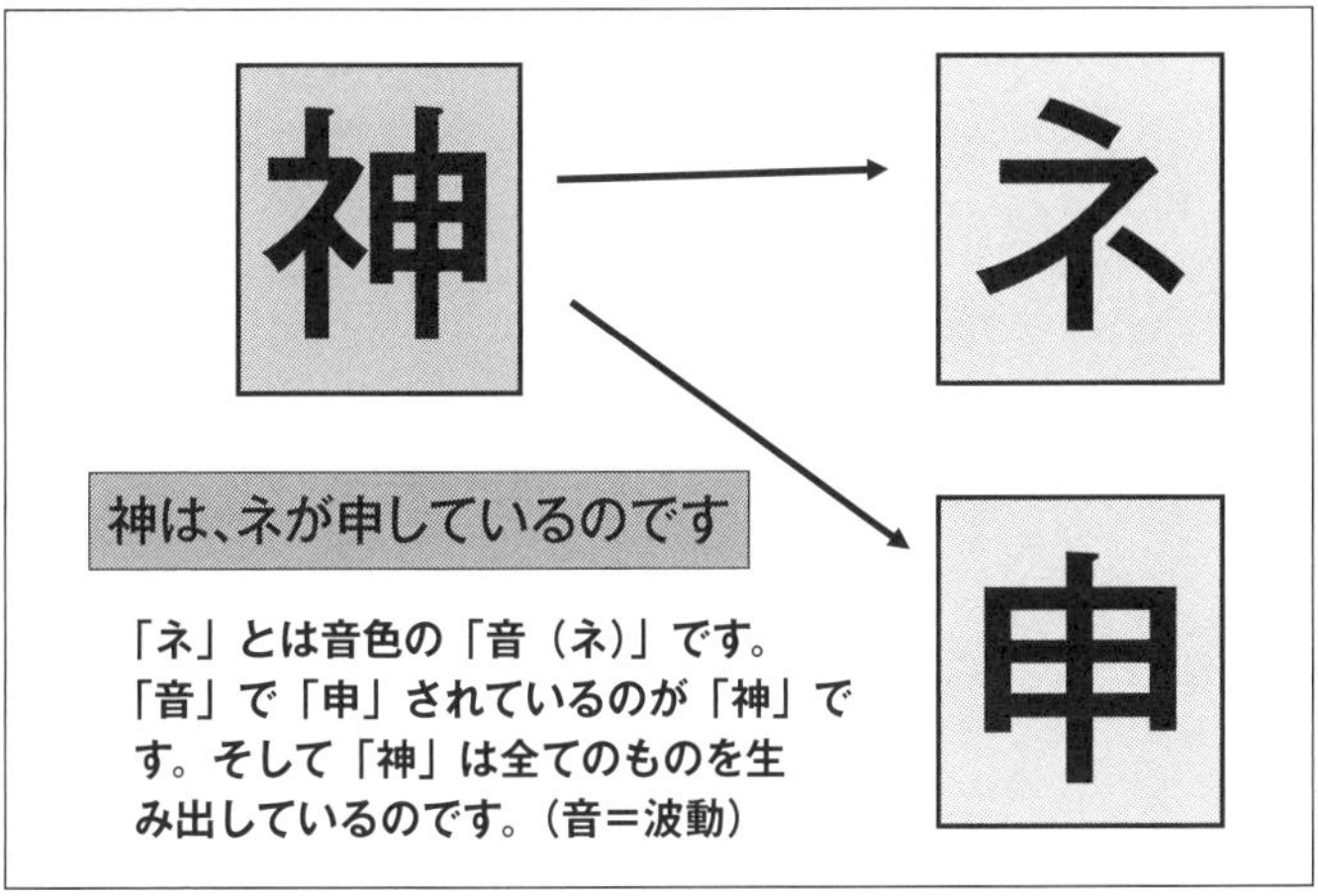
神
ネ
申
神は、ネが申しているのです
「ネ」とは音色の「音（ネ）」です。「音」で「申」されているのが「神」です。そして「神」は全てのものを生み出しているのです。（音＝波動）

図版25

って人の幸不幸が分かれてくるのは必然のことなのです。言葉は波動ですから、「誠」の言葉で言葉を善用するか、「嘘・デタラメ」の悪しき言葉を発するかによって、人の運命も国の行く末も人類の将来も大きく左右されるのです。言葉を善用することによって物心調和の理想の世の中が拓かれてゆくということです。

光透波はその言葉の奥に脈打つ宇宙の真理を読み解く言霊学です。ですから真理に繋がる光透波は乱れた人々の意識を軌道修正させる波動が脈打っているとも言えるのです。

表現を変えれば、今日の世界的混迷を

救うキーワードがコトバの波動＝光の言波であることを明確に証している哲理とも言えるのです。

この宇宙の真理に繋がる光の言葉により、人類が辿って来た混乱と闘争と不幸な歴史を終息させ、人々が願い求めていた愛と幸福と調和の世界を摑む道が開かれているのです。

本書ではこの宇宙に繋がる光透波の哲理を光の言葉をベースにして、これからの時代の生きる指針として提唱させていただいているのです。

このことをより理解していただくために、次章で光の言葉の実践道を歩んでいる新井慎一氏との交信録を引き続き記載させていただきます。

第十章

「光の言葉」実践のポイントを語り合う―（その2）自ら発する言葉の波動で光へ変えてゆく

苦悩を乗り越える光の言葉

新井

霊主体従の生き方が理想なのでしょうが、今までの時代は物中心の世界、物が支配する世界ですね。我々は現実にその世界に生きているので、物・拝金主義の流れを無視もできず、ある程度それに沿って生活を安定させ、並行して心の世界を開いてゆくという、バランス感覚が要求されていると思います。

「衣食足りて礼節を知る」の諺《ことわざ》があります（孔子とかガンジーとか沢山偉人はおり

ましたが……）。

ただ人間は、「どこまで行けば衣食住が足りるのか？」の別の問題がありますよね。物・金・エゴの考えで……、皆が動いている限り礼節はなかなか知りえない、ここに今の問題がありますね。神様も困っています、（苦笑）。

心が先だと主張してもなかなか理解できていない。でも、それにより世界は問題だらけ……、病んでいる……と嘆いていても解決しない。

今は霊主体従への過渡期なので、私は物の面でも自分の夢、計画を実現するまで頑張ろうと思ってます、そのために光の言葉のお力をお借りします。

同時に、心が素であることもさらに理解して行きます、心主物従を理解しながら。このバランスを大事にして、気が付けば、自分の周りに笑いと笑顔が溢れている、これが今の夢です。

そのために、日々喜怒哀楽の波にあちこちぶつけながら、愚痴を言っては光の言葉、文句を言っては光の言葉、不安が出たら光の言葉、この繰り返しです。

でも、光透波理論にて「素」は言葉が主である、言葉にはエネルギーがあり、心身には環境を変える大いなる力がある等を学ばせていただいていることは、最後の拠り所として大変力強いです。

宿　谷

光の言葉を理解する上で参考になることを紹介いたします。

●ピグマリオン効果

見る人は見られる人に言葉や態度や心を向けることで、見られる人に影響を与えている。先生が生徒にいつも「悪い子だね」と言い続けるとその子はグレてしまう。逆に「良い子だね」と言って接すると良くなってゆく。もっと言えば、言わなくても心の中で思っているだけでも、その影響を受けてしまう。

学校の先生がランダムに選んだ生徒に「君たちは素晴らしい潜在的な才能がある」と伝え、他の生徒たちと同様に教育をしてゆくと、そのランダムに選ばれた子供たちは、他の生徒たちより成績が上がってゆくという……。

●プラシーボ効果

例えば小麦粉のような物でも、これは素晴らしく効く貴重な新薬であると伝えて飲ませると、好転してゆく症状、治癒効果が現れる現象。

●想念はエネルギー

相手の人に「やな人だな」「気難しそうな人だな」「優しい人だな」「良い人だな」と接してゆくと、相手の人が、自分の思った通りの人になってゆく。

事を進めるにも「難しい」「簡単だ」「成功する」「失敗する」と思考してゆくと、そのようになってゆくのです。

●引き寄せの法則

頭の中で考えていること、イメージしていることが引き寄せられ現実化する。思考が現実を引き寄せてくるのです。

●同調波長の法則

同じ周波数のものは同調し合う。小さいパワーは同じ周波数の大きいパワーと同調して引き寄せるようになる。電波の世界ではテレビの受像機のように明確に現象化する。

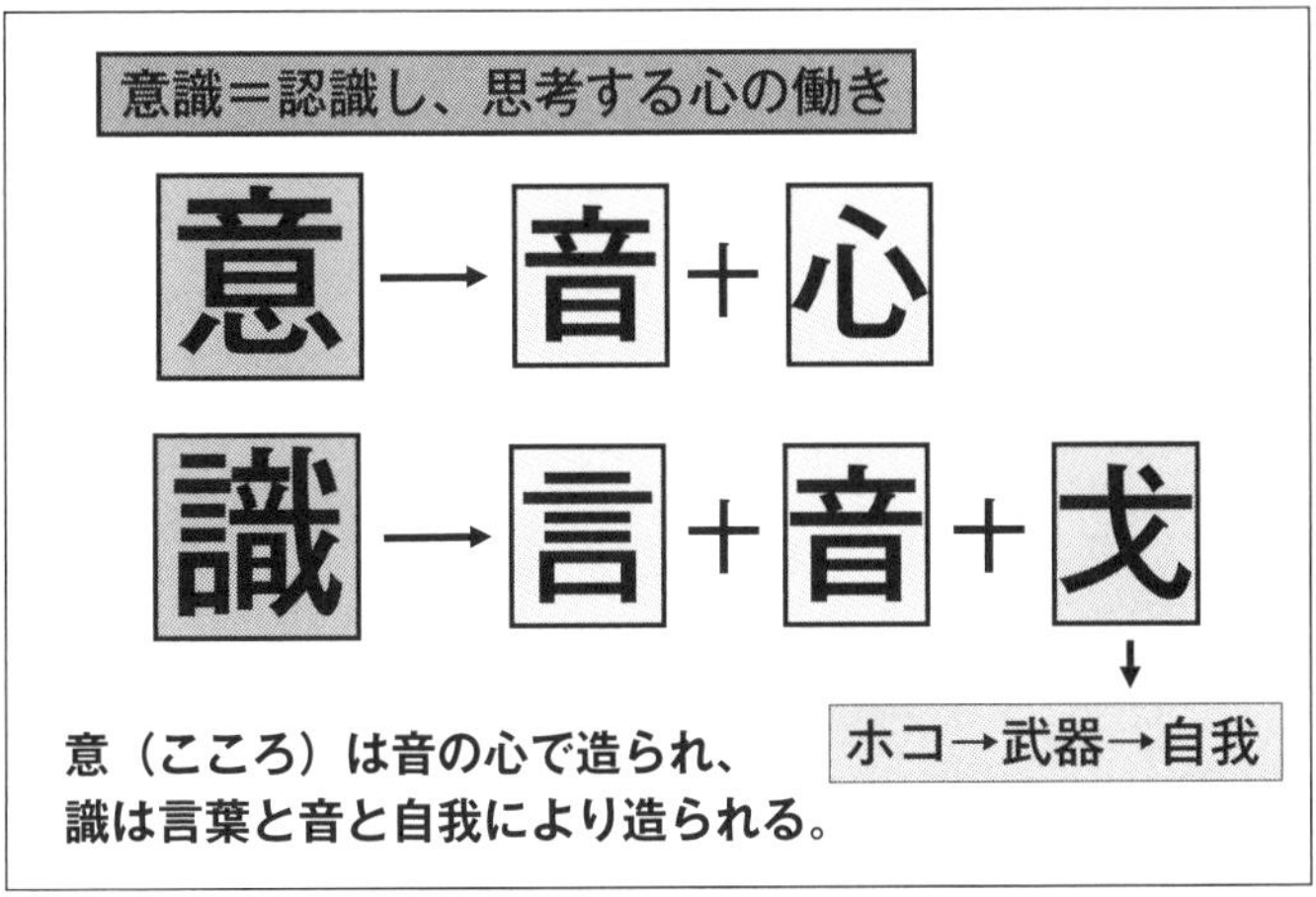

図版26

●意識が実現する現象

意識は実現する。意識は言葉によって生み出される。言葉の組み合わせによって思考・意識・イメージは形成されてゆくと、一段と現実化が進展する（図版26）。

●祈り、祝詞《のりと》、マントラ、呪術

ある目的が叶うように祈りの言葉を発してゆくと実現化へとパワーアップしてゆく。

これらの諸現象を信じられないと否定する、反発する、疑問視する……こういう人たちは、当然のこととして効果が現れない傾向があります。何故なら否定するその人の意識の力が発動してしまうからです。

逆に、信じる、確信する、絶対的信念をもって受け入れる人には絶大な効果が現れて来るようです。

すなわち、これらの諸現象が起きる源には、その人の思考・想念・意識・信念が意識的にも無意識的にも働いているのです。そしてこれらの諸々の思考・意識の根源は言葉によって生み出されていることに注目する必要があるのです。

意識の奥には言波のエネルギー、波動が脈打ち働いている。この世の全ては波動によって成り立っているわけですから、これらの諸現象が現実化してくるわけです。

新井

言霊は言うこと、唱えることが重要で、その時の心の在り方とは関係無しに感謝を言うことが大事、と思っています。

言葉（言霊）を言う際、その時の心の在り方とは無関係、言葉（言霊）に出したことが全てを作って行く。感謝を言えば感謝する出来事が現れ、大丈夫と言えば、大丈夫な状況が現れ、元気と言えば元気になる……、光の言葉の大事さを再度認識した次第です。

心がどんな状態でも、光の言葉を繰り返し言えばただそうなる。再度光の言葉のありがたさを認識すると共に、光の言葉を沢山言おう、その時の気持ちは考えなくて良いので、言えばそうなると再認識しています。

宿　谷

ご指摘のように貫いてゆきたいものですね。「祈り＝意乗り」が理想ですが……、現実の世の中で生きる人間は煩悩五欲で翻弄されることも確かですから……、意が乗らない時でも……、光の言葉を発信してゆく……。

ネガティブな時はそのエネルギーで光の言葉を出したくないものですが、それでも言う、唱える、発信してゆく……そこがポイントであると思います。

新井　今一つ実験中のことがあります。

人の意識は顕在意識が1：潜在（深層）意識が9の割合で機能化されていると思います。深層意識の中には人が生まれて以来の知識、経験等の記憶があるわけです。

その中で特にやっかいなのが刷り込まれた情報や洗脳です。そのマイナス意識（恐怖、不安等）はいくら顕在意識で頑張ろうとしても阻害してくる。

夢を実現するためには（引き寄せるためには）マイナス意識を消し、ワクワク感をもって行動すると実現しやすくなる。でも、ワクワクしていない状況の時に人はワクワク感を持つことができません。無理やりワクワクしろと言われても、できません。

恐怖、不安は身を守るためには必要な大事な感覚（感情）という面もあります。が、このネガティブな恐怖、不安感がさらに大きな不幸を誘発してくるのです。ですから私は不安や恐怖を感じたら「大丈夫、大丈夫、大丈夫」と光の言葉を自分に言います。

その時に不安や恐怖を消そうと戦わずに、恐怖、不安を感じていることを理解しながら、「お役目ご苦労さん。でもね、お前さん達もたまには役目（恐怖、不安）を離れ、笑ってみなよ。楽しいよ」と言えるぐらいになったら最高です。

そうすれば、ネガティブ思考は元々弱いエネルギーだから、自然に消えて行く（喜んで、笑）という理論を採用しようとしてます（百点になるまでは行われていませんが……）。

夢を持つことができたら光の言葉、行動をしっかりと行う。でも人は同時に並行して「この夢、本当に実現するかな」「ダメだったらどうしよう」の気持ちが出てくるものです。それらのネガティブな思いは過去に刷り込まれた潜在意識によって生じてくるものです。

でも、そこで無理にそのネガティブ意識を消そうと戦わない。

そこにフォーカスしないで、そのまま流してゆく。

そして光の言葉を唱えるように努力するのです。

夢を実現させるのだと力んで言うことはしないで、「結果はお任せします」。そういう心境が良いのではないでしょうか。

宿　谷

量子力学の視点に立てば、二重スリットの実験（第四章参照）で明らかなように、素粒子は人間が意識を向けて設置した観測器で観測すると粒子＝物質の顔になるが、観測器を外す（意識を向けない）と波動＝非物質の顔になる。

このことを拡大解釈すると、人間の意識は霊的な波動＝エネルギーを物質化する力を持っていることになります。ですから全てのものは宇宙の意識によって物質になったり非物質になる。それを左右するのが意識の力と考えられるのです。

人の意識のベースは言葉であり、コトハの奥には最小究極の意識子の力が働いている。つまり人間＝人言＝人現。

換言すれば自覚する自覚しないに関わらず、その人の意識（潜在意識を含む）が全てを引き寄せ生み出しているのですね。

良い意識を持てば良い現象が、悪い意識を持てば悪い現象が起きて来るのです。故に全ては自己責任と言うこともできるのです。

その意識を生み出す根源的な力が言葉なのです。自身が発する言葉↓言波↓意識子↓光透波へと繋がっているのです。本書では光の言葉のエネルギーに目覚め、幸福と発展を摑む道を提唱しているのです。

新井

「なるようになる」「なるようにしかならない」「思ったようになる」「思ったようにしかならない」　こんな感じかな？……って。

これって、「自分が思ったなら、そうなるよ」「思ったようにしかならないんだよ、だから思わなかったらならない、何も起きない、現れないよ」ってことかと。

「そうなりたいと思えば、そうなるよ。でも、思ったことしか現れないから、思わないと現れないよ」なんだ。

アラビアンナイト（千夜一夜物語）の中に「アラジンと魔法のランプ」の話がある。その中で、アラジンがランプを擦るとランプの使いが現れて、彼の夢（そうなりたいこと）を実現してくれる……。この話のランプを擦るという行為は、「自分でそうなりたいと思うこと」なんだと気付いたのです。

人間世界では思った後に、そうなりたいための行動が必要になりますよね。何もしないで寝ていて思っただけで、夢が叶って翌日には家が建つというのはない（笑）。

宇宙の摂理には「思ったなら、そうなるよ」の単純法則が働いている。ところが人間世界で実現させるためには、その後に思ったことを実現しようとする行動が必要で、これにより必要十分条件が完成することになるわけです。

つまり人間世界では「思って、行動すればそうなる」ということです。そこに神の後押しがあれば正に釈迦力。でも、自身が寝ているだけでは何も現れない。思って、行動すれば現れる。

神界は良い世界にしようと動いてくださっていることに感謝し、同時に自分はどうしたいのかをさらに思い、行動する、その時、いつも光の言葉を唱えながら、ありがとうを沢山言えるようにしたいと思って行動して行く……。

「アラジンと魔法のランプ」は人間全てが生まれてから持っていた話なのではないでしょうか？　ランプを擦るという行為は「こうなりたいと思えばそうなるよ、でも思ったことしか現れないから、思わないと現れないよ」「でもただ思っただけでは現れない、自分でそうなりたいと行動しないと現れない」ということを比喩的に表現していると理解できるのです。

宿谷

新井さんの話は心に響きますね。「アラジンと魔法のランプ」の深義を初めて喝破されたと思いますよ。「そうなりたいと思えば、そうなる。でも、思ったことしか現れないから、思わないと現れないよ」ランプを擦るとランプの僕《しもべ》が現れて夢（そうなりたいこと）を実現してくれる……。ランプを擦る行為は「自分でそうなりたいと思うこと」なんだと、この分析と解釈は白眉ですね。

「そうなりたいと思う……」思考を造り出すのは言葉の力ですから、そこに光の言葉を活用する。

光透波の真理を読み解く天鏡図を当てはめますと「アラジン」→「現裸字云」の文字が出てきます。これを読み解くと、「字」は「ウ」冠に「子→ネ→音」。ですから「現裸字云」とは「宇宙の音をありのままに運び現わす」と読み解けます。「ランプ」→「裸云父」→創造主そのままの力が運ばれる意味になります。

ですから「アラジン」とは言葉のパワーに繋がって来る。これが「アラジンと魔法のランプ」の深義だったのですね。

新井

何が起きても（一見マイナス事項でも）全て途中経過だと受け止めて「大丈夫、大丈夫、これが今の段階ではベストと理解し、さらに解決の次の一手を考えて行動する」この繰り返しだと思ってます。

「そうなりたいと思えばなるよ」の宇宙の単純法則は、心からありがたいと思えばなるのだから同時にお礼も先に言っておく、「ありがとうございます」と繰り返す。

それでも、次の壁が出て来ます。

①　行動しているけど、なかなか現れない。➡ここは行動内容を変える行動が必要(例として購入予定だったA社から予定がなくなったと断られた時は、次の可能性を求めB社にあたるとか……)

②　この間、何で現れないんだろうか？　等の疑問が生じる、宇宙に応援されていないのだろうか等の疑心暗鬼の思いが出る。この疑心暗鬼の思いが同時に現実化して、本来の夢実現が遠ざかってしまう。

どうしても実現したい、しないと大変なことになる、等の執着心がつのる等、人間領域で最初の意識と次の行動後の現状に対し葛藤が生じる。

③ ここをどう乗り切って行くか勝負になります。

それには、全ての出来事（陰は次の良い縁、陽に繋がると思い、陽はもっと大きな陽に繋がると思い、というように幸せばかりを予言する）⬇「万事塞翁《さいおう》が馬」方式に考えて、夢実現のために起きてる現象だと思い続ける。

一番難しいのは現状を「信じてみる」ことだと理解する。現在進行形の不如意の現象全てを夢実現のための一時的な現れであると信じて貫くことなんです。「万事塞翁が馬」なんだと思うことが求められますね。

ところが、これが難しい⬇ここの部分、新井の自分への点数は55点から62点くらいでしょうか。「信じる」「信じ切る」は本当に難しい、でも、「信じてみる」はできそうで、毎日信じてみよう、信じてみよう、はできる。今日の喜怒哀楽（喜と楽の陽もあり、哀と怒等の陰との混合）の出来事に、ビールの力もいただき、「夢実現を信じてみる」で対応して行こうと思ってます（苦笑）。

宿谷　人間意識の90％は潜在意識によって支配されていると言われています。顕在意識で願っていても、光の言葉を発していても、過去世から現在に至るまで体験・経験し続けてきた全ての記憶情報を根拠にする潜在意識が働いて、無意識のうちにネガティブな意識に支配されてしまう傾向が強いのです。

より具体的に表現すると、過去に刷り込んできた思い込みです。社会通念、世間体、常識、両親からの躾《しつけ》や学校での学び、マスメディアの報道、周囲の価値観、自己が体験して信じてきた独断や偏見、その他、これらの全てが自身の潜在意識の中で溜まっており、陰に陽にその情報が顕在意識を左右しているのです。その過去情報を根拠にした潜在意識は概ね不安や恐怖やネガティブ情報に根拠を置いている特徴があるのです。

罪悪感、孤独感、恐怖感、否定感が渦巻いていて自己を肯定するセルフイメージを下げているのです。そしてこのネガティブイメージに合った引き寄せ現象を起こしているのです。幸福になりたいと願っても、それが容易に実現しないのは当然のことと言えましょう。

ですから、この過去に囚われた固定観念を覆さないとバランスのとれたニュートラルな意識を確立することは難しい。だから人は既成の潜在意識に流されるままに生きてゆくことになってしまうのです。

それ故に光の言葉を唱えて望ましい情報や観念を繰り返しインプットしてゆく努力が求められるのです。

すなわちポジティブ意識を常に注ぎ込むということです。光の言葉を繰り返し声を出して唱え……、それによって過去情報に支配された思考を未来に向けさせる。その光の言葉の周波数が同調波長の法則にしたがって、ポジティブなる結果を招来するということです。

私たちが意識している現実世界は全て波動の世界です。全ては波動によって成り立っているのですから、自ら発する言葉の波動、光の言葉のエネルギー、すなわち言葉

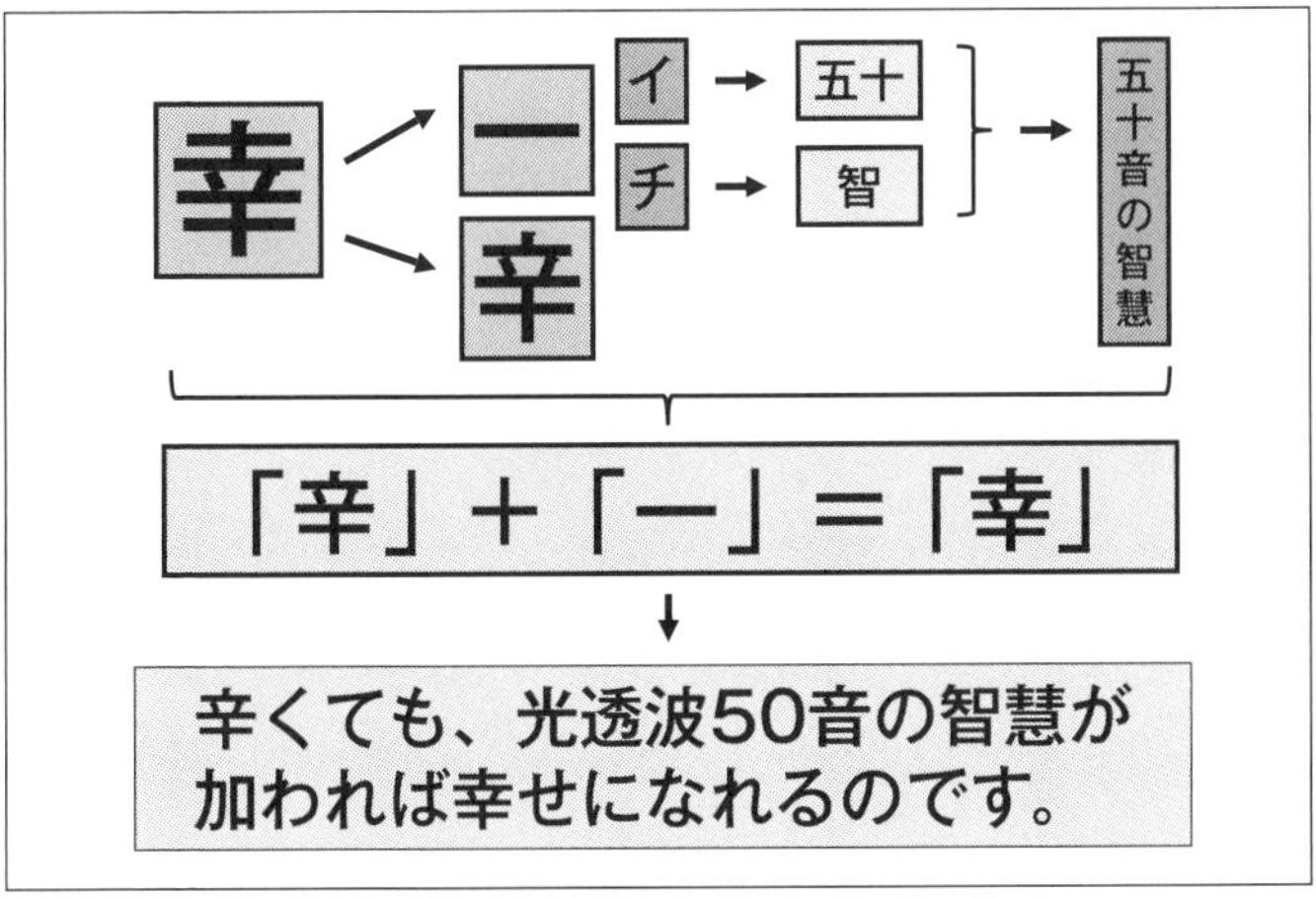

図版27

のエネルギーで意識を変えてゆけば、その波動によって全てのものを変えてゆくことが可能になっているのです。

この見解は現代科学の最先端・量子力学の観点から捉えてみても矛盾しないのです。私たちの身体も宇宙の森羅万象も全ては原子・素粒子で成り立っています。その素粒子の世界では意識を働かすと粒子＝物質になり、意識を向けないと波動の状態であると言われている。その意識は言葉によって形成されているのです。

ですから言葉の力に最強のパワーが秘められているのです。それが「光」の

「透」明な「波」動＝「光透波」であり、「コトハ」であり、「言波」であり、光の言葉のエネルギーに通じているということです。
図版27の「幸」と「辛」の文字は、このことを明確に表現しているのではないでしょうか。

人が現実を生きてゆく上で不安、迷い、不如意が起きてゆくことは百も承知です。形あるものは必ず滅びる、生病老死は現実であり、別に否定しているのではありません。

その苦悩を乗り越えてゆく道、それが光の言葉であり、幸福の道であり、覚醒の道であり、光透波の学びであり、三次元物質世界から高次の霊性向上への道なのです。

結論的に言えば光の言葉を発し、その言葉にフォーカスしてゆく、すると光の波動を発信する、その結果光の現象を招き起こすのです。単純なようですが、ここに真の幸福と永遠の発展への道が開かれているということです。

第十一章

人間の脳はハード、言葉はOSソフト
言葉が無ければ、人間はただの動物

さて、話を転換させますが、人類は民族や国境の違い、地理的環境や気候風土、さらに辿って来た歴史や風俗習慣の違いなどにより、様々な言語を生み出してきました。その言語の種類は7000語近くもあるということです。当然、言語によって民族性や国民性が大きく変わってゆくものと推理できてくるのです。

母語により意識や思考が大きく左右される

「母語」という言葉をご存知でしょうか？　全ての人には母語というものがあります。母語とは人が最初に習得する言葉。人はこの世に生まれ出ると両親や周囲の人たちから言葉掛けを受けて無意識のうちに言葉を習得してゆきます。その最初に習得する母語は、人の意識や思考や性格面に大きな影響を与えることになります。

通常は日本人なら日本語、英国人なら英語が母語になるのですが、人種や国籍に関係なくその人が言葉を習得した環境や周囲の影響によって、母語は決まってゆくということです。

母音中心の日本語は特異な言葉です

世界には大変多くの言葉の種類があります。が、その中で日本語は特異な言語と言われています。それは日本語だけが母音中心の言語であるからです。他の言語は英語にしても中国語にしてもフランス語にしてもお隣の朝鮮語にしても、全て子音中心の言語です。ですから日本語が如何に特異な言語であるかが理解できるのです。

母音は母なる波動、すなわち我が子を抱擁する大いなる愛の心の波動を有していています。日本語は子音中心の他の言語と違い、母音の持つ特長である母心、包容力、和の響きを豊かに持った言語なのです。それ故に日本語は自然や宇宙と調和し、和の心を醸し出すエネルギーを発揮することができているということです。

一方、子音の波動はお互いが競い合い、独立して、自身の存在を保持しようとする波動を出します。それ故に自己主張の心を醸し出す音のエネルギーを有しているようです。このように母音と子音の響きには大きな開きがあるのです。

註――母音は息の続く限り発声できる音です。その代表的な音がア・イ・ウ・エ・オ等の永続音。カ（K）・サ（S）・タ（T）……etc.は子音であり瞬間音です。

母語を母音中心の言語（日本語）とする人と、子音中心の言語（外国語）の人とは無意識のうちに思考や意識や性格に異なりが生じてくるのは、自然の流れと言えましょう。

この母音中心の平明で澄んだ日本語の響きの中に、どうやら日本人の国民性・調和の心を大切にする深い理由が潜んでいるのではないでしょうか。

日本語を学ぶ外国人の多くが、日本語は「聞き取りやすい」「音の響きが綺麗」などの印象を持つようです。これは母音で構成される日本語の50音が澄んだ響きを持っているからと言えましょう。

また、日本語の周波数が英語を始めとする各国語と比べると著しく低いことが特徴として挙げられるようです（英語—2000Hz～1万2000Hz、日本語—125Hz～1500Hz）。ここに「日本人は英語を聞き取り難い、外国人は日本語を聞き取れる」その原因が潜んでいるようです。日本語の周波数が低いということは、波動が穏やかであることを意味しているのではないでしょうか？

その証拠に外国人から「日本語は美しい」「心が癒される」と言われたり、日本語を話すようになると、多くの外国人の性格が穏やかになってゆく事実があります。

日本語の特長は調和の波動を響かせます

母音には文字通り母心ともいえる包容の和の響きがあり、一方の子音は一音一音の独立性が強いので、利己性や競争性の波動が強く出てくる……。こんなことを書きますと、それは日本語贔屓《びいき》の自画自賛の妄言だと受け止める人も多いと思いますが、事実そうなのですから仕方がないのです。

母音中心の日本語が脳の機能に特別の影響をもたらすことは、脳科学の面でも明らかになっているので紹介しましょう。東京医科歯科大学名誉教授でありました故角田忠信博士の著書に『日本人の脳』『右脳と左脳』があります。その中で角田博士は多くの調査実験データを基にご自身の学説を展開されているのです。その要旨をお伝えいたしましょう。

［角田忠信博士の学説］

左脳・右脳の機能は言葉によって違ってくる

日本人の脳は子音も母音も共に言語脳である左脳で認識する。これに反し子音中心の言語を使う西洋人は、子音を左脳、母音は機械音や雑音同様に右脳で認識する。

また、小鳥のさえずりや虫の声、小川のせせらぎや風の音などの自然音を西洋人は右脳でノイズ的な音として聴くが、日本人は左脳で会話のような「声」として聴いている（図版28・29）。

そして驚くことに人種や国籍に関係なく9歳ぐらいまで母語を日本語で育った人は、子音も母音も左脳で認識する日本人型の特徴を持つようになる……。

その逆に日本人であっても母語を子音中心の外国語で育った人は、左脳・右脳の機能が西洋人型になってゆく。

このように自然音を左脳で「声」として聴く日本人の特性は人種的なものではなく、あくまでも日本語に由来している。つまり外国人であっても日本語で育て

右脳、左脳の機能が違う

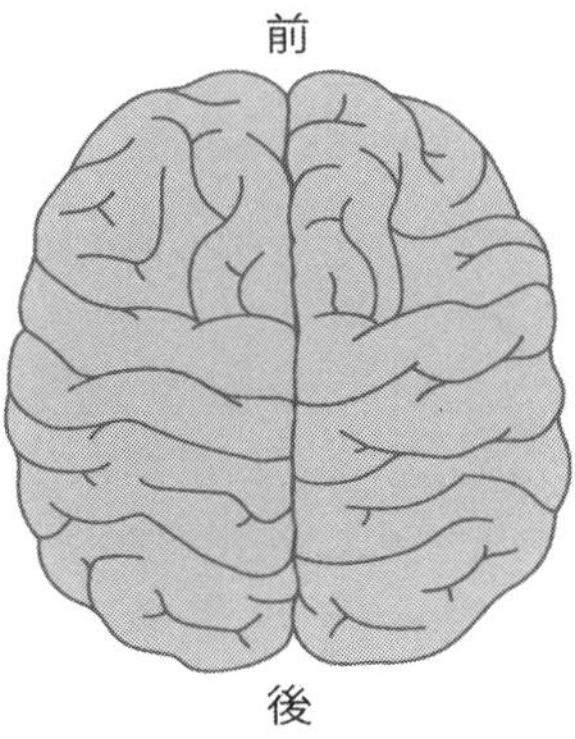

図版28

日本人の反応

左　脳	右　脳
言語半球	音楽脳
言語音 **母　音** 子　音 計　算 感情音 （泣き笑い） 動物・鳥・虫の 鳴き声 川・風・雨等の 自然音	 音　楽 西洋音楽 機械音 雑　音

日本人以外の反応

左　脳	右　脳
言語半球	音楽脳
 言語音 子　音 計　算	西洋音楽 機械音 雑　音 **母　音** 感情音 （泣き笑い） 動物・鳥・虫の 鳴き声 川・風・雨等の 自然音 邦楽器音

図版29

られると、「自然の声」を左脳で聴くことができると言うのです。

さらに子音中心の言語を使っている中国人・韓国人は人種的にも文化的にも日本と関係が深いにもかかわらず、子音と母音に対する脳の反応は西洋人型である。

以上、角田教授の医科学的見解でも明らかなように、左脳右脳の脳機能は母音中心の言語である日本語とポリネシア語以外は、全て西洋人型の反応をしているのです。

自然音を言葉のように理解する日本人

母音中心の言語を話す日本人は雨の音、風の音、小鳥のさえずり、小川のせせらぎ、蛙の声、虫の声などを言語脳の左脳で聴き取り、それらの自然音を心で読み取る脳機能を有しているということです。

それ故に日本人は「人と人、人と物、人と自然」が調和する感性や能力を自然に身に付けることができていたのです。感受性豊かで情緒性に富んだ和歌や俳句等を始めとする数々の文芸作品や、茶道・華道・香道・日本庭園などの自然と調和した日本文化を生み出した原動力が、実は母音中心の日本語にあったといえるのではないでしょうか。

豊かな情緒性が人間相互の理解と融和に有益に働くことは言うまでもありません。自己愛から、家族愛へ、民族愛へ、人類愛へと発展してゆくことは自然の流れであり、日本人の特長たる大和の心は日本語が育んできたと、理解できてくるのです。

脳機能に柔軟性がある9歳ぐらいまでに日本語を習得し日本語社会で育った人は、人種や国籍を超えて日本人型の脳機能を持つ。逆に日本人であっても英語社会で育った人は西洋人型の脳機能になるということは、人の脳機能は言葉によって決定されてゆくことを意味しているのです。

日本語というソフトを入力すると人種・国籍に関係なく、右脳・左脳の機能が日本人型になり「人と人、人と物、人と自然」が調和する、日本人の特徴を発揮するようになるということです。

PCに譬えれば、人間の脳はハード、言葉はOSソフト

人間の脳は計算能力、記憶能力、判断能力などなどコンピューター的な機能を有していることは論をまたない事実です。読者の皆さんもパソコンを使っていると思いますが、パソコンはハードと言われるコンピューター本体と、ソフトと呼ばれるパソコンを動かすOSによって機能することができます。そして各種の目的達成のためにプログラミングされたアプリという様々なソフトを働かせて便利なツールとして役立っています。

本体のハードと、機能をプログラミングしたソフトの両面があって初めてコンピューターの役割を発揮することができているのです。もしソフトが無ければコンピューターはただの電気的ボックスに過ぎません。

同様に人間の脳にもソフトが必要になるのですが、その根幹のソフトとはなんだと思いますか？

そうです、言葉なのです。人間の知能・精神活動をパソコンの機能と対応させると、脳がハード、言葉がOSというソフト、各種の学問がアプリと呼ばれるソフトと考えられてきます。人間にとって様々なアプリになるものが宗教・哲学・科学、そして主義・思想・倫理・道徳、ありとあらゆる学問ということになります。

この視点に立って考えますと、人類文化はハードである個々人の脳と、OSソフトである言語と、アプリである諸々の生き方や学問の相乗、総和によって構築されたものと考えることができるのです。

このように客観的に脳と言語の関係を考察しますと、如何に言葉というものが決定的で大事なものであるかが理解できる筈です。いや、「言葉より様々な専門的な学問の方が重要だ……」と考える人がいるかもしれません。が、全ての専門学や哲学や宗教や科学にしても、一切の人間の知的創造的なものは言語をベースに成り立っているのです。「初めに言葉」、言葉があって全ての文化文明が成り立っているのです。

人間は言葉が無ければ知能や意識を持てぬただの動物

ハードが脳、OSソフトが言語と考えると、諸々の専門学等は全てアプリと見なせるのです。ですから言語は人間の精神活動の根幹に位置していると言えるのです。人間が人間たる所以《ゆえん》である創造活動の中で、何が一番大事なものであるかと問うと、そこに言語が大きく浮かび上がってくるのです。

ハードである人間の脳は他の動物とは桁外れて高い演算能力を有していることは確かでありましょう。優れた機能を持つ脳というハードは、言葉と数というソフトを使って五感から入って来る膨大な情報を処理し、自身が集積した過去データ（一切の体験・経験・学習）をベースに計算処理し、それに対応して識別、判断、感情、思考を生み出して行動を指示しているのです。

ソフトが無ければパソコンはただの電気ボックスに過ぎません。それと全く同じことが人間にも当てはまるのです。脳というハードがあってもOSにあたる言葉のソフトが無ければ、人間は優秀な脳があっても認識、識別、思考、想像、意識を持つことができなくなってしまうのです。何故ならソフトが欠落しているからです。そうなれば人間は猿や犬や猫のように本能のままに生きてゆくただの動物に成り下がってしまうことは明らかでありましょう。

既述しましたように、言葉というソフトを持たない動物は思考機能を持つことができません。本能のままにしか生きてゆけないのです。動物学者によればチンパンジーやオランウータンは人間の4歳児ぐらいの脳機能（ハード）を有しているそうです。教えればジャンケンポンやテレビゲームもできるとのことです。が、彼らは言葉（ソフト）を持ち合わせていないので、創造的なものを何一つ生み出すことができないのです。

それ故に言葉を有する人間は「理性物人間」であって、ギリシャのアリストテレスが明言しているように「人間は言葉の動物」、人間＝人言ということなのです。

霊的視点で捉えると、多くの思考を受信している

さらに加えれば人（ヒト→霊止）は肉体というハードの中に、霊的なソフトを併せ持った存在です。ですから霊的視点から捉えると人間は送信機と受信機の機能を有しているのです。その大きな部分を脳が荷《にな》っていると推理できます。

ですから思考には脳自身で作りだすものと、霊的な受信機能でキャッチしたものがあると考えられるのです。

一切は波動によって生成流転していることは既述しました。その宇宙に鳴り響き脈打っている無数無限の波動の中から、同調波長の法則によって同じ波長のものが脳に飛び込んでくる……、直観、閃き、シンクロ、虫の知らせなどと言われるものです。

一見、脳が思考を全て作り出しているように人は錯覚しているのですが、思考というものは閃き、シンクロ、霊感というように宇宙から流れ込んでくるものも多いのです。

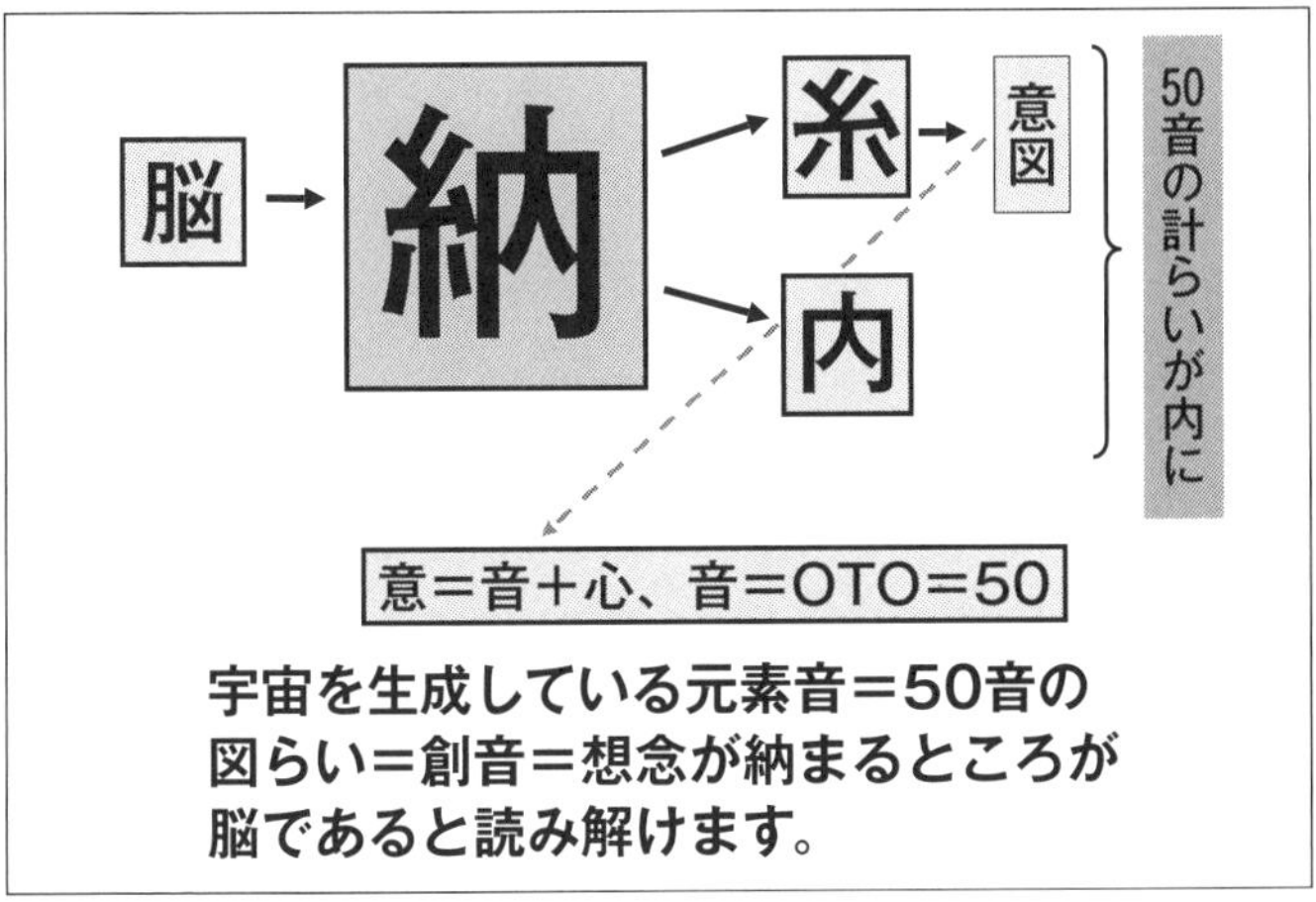

図版30

既述してきましたように、天・宇宙には元素音＝76音（清音50音＋濁音20音＋反濁音5音＋ン音＝76音）の音霊＝波動が鳴り響いており、その波動の組み合わせによって森羅万象が生成流転しているのが宇宙の実相です。

宇宙は瞬時も絶えることなく創音（ソウネン）を発せられており、その送音（ソウネン）をキャッチして想念（ソウネン）する機関が脳（納）であるということです（図版30）。

脳↓ノウ↓納・能

納↓糸＋内　糸（イト）↓「意」図↓50音の心の計らいが内に納まるところが脳であるのです。「意（こころ）」の字は「音」と「心」の合成語。

表現を変えれば、脳はテレビの受像機のような働きをしているものであり、同時に脳は言葉と数というソフトを使ってプログラミングして発信する機能を有しているのです。ですから言葉無くして脳機能は発揮されないということです。

第十二章

母音中心の日本語ソフトが生み出す我が国の精神性と歴史伝統

母音中心の言語である日本語の特長と、言葉と脳の機能について前章で解説してきましたが、ならば世界で唯一の母音中心の言語（ソフト）の日本語と子音中心の言語（ソフト）の外国語を対比したときに、文化的に大きな違いが浮かび上がってくる筈ですので、その差異に話を展開してゆくことにいたしましょう。

世界最古の歴史を誇る日本の国

世界には二百ほどの国々がありますが、世界最古の国が日本であることを先ず始めに挙げることができます。

日本の国は、今日殆ど使用されていない皇紀によれば2684年間（令和6年）にわたって営々と引き継がれてきております。

今日の日本は特に大東亜戦争以後の日本は、アメリカの占領政策やソ連や中国共産党、さらには韓国等の思想的謀略によって、日本精神が潰され、国民の意識はバラバラになっています。が、本来の日本はちょうど蜜蜂が女王蜂を中心に一つに纏まっているように、皇室を中心とする国柄を有していたのです。

ちなみに世界の君主国で2番目に長寿な国は1088年の歴史を持つデンマーク王室、3番目はイギリスの958年であり、我が国は断トツの長い歴史を有した君主国であるのです。

エジプト・ギリシャ・チャイナ・インド、その他の国々も、皆、古代の元の国を継承している国ではありません。メソポタミア・ローマ・ユダヤ王国・アンコールワット・マヤ・インカ等の文化的に繁栄を誇った王朝も、皆、長い歴史の流れの中で消滅しています。

中国は四千年の歴史を有すと豪語していますが、易姓革命の国であり、民族も王室も思想も歴史も全く異なる力の強い者が、入れ替わり立ち代わって強奪して支那中原の地を次々と支配してきたに過ぎません。そこには歴史的な継続性や民族的一貫性はないのです。今日の共産中国に至っては僅か75年ほどの歴史しか有していません。

このように本来の日本は世界で類例がない一貫性をもった和の国柄の国家なのです。

世界的に見て日本は長寿企業が一番多い

世界には長寿企業が幾つもありますが、とりわけ日本には100年、200年あるいはそれ以上続く長寿企業が世界的に見ても圧倒的に多くあります。100年以上存続している企業が日本では2万社以上あり世界の41％も占めているとのことです。

世界最古の企業ランキングの上位が皆日本企業であり、首位の寺社建設で有名な金剛組に至っては、なんと聖徳太子の時代から継承されており、創業してから1450年ほどになるとのことです。

このように長寿企業が多いということは、そこに和の心が強く働いていることを裏付けているのです。

東日本大震災時に湧き上がった助け合いの行動

13年ほど前の東日本大震災の時です。東北の各被災地で家も財産も家族も失った人々が、列をつくり配給の食料を受け取っていました。飢えていても譲り合う心「礼」。飢えていても相手を思いやる和の心が発露されていたのです。悲惨な災害現場の中でも秩序を守り助け合う日本人の和の行動を世界中のメディアが報道し、「日本人は違う」と称賛の声が世界の各地から湧き上がったのでした。

東日本大震災に限らず、大きな災害時や苦難の時が来る度に、一致して助け合う気風が営々と引き継がれているのではないでしょうか？

このように日本の国と国民性の中に映し出された心優しい日本人の心根、その奥には調和の響きを醸し出す日本語が脈動していると考えられてくるのです。

何故なら、子音中心の言葉を話すアメリカ等の国々では、大災害が発生すると略奪や暴行が頻繁に起きているからです。この両者の違いを言葉の視点から観じますと、母音中心と子音中心の言語の差異によるものと推理せざるを得ないのです。

日本語を習得すると穏やかになるカナダ人留学生

カナダのモントリオール大学で日本語学科長として、20余年にわたりカナダ人学生に日本語を教えてこられた金谷武洋氏には『日本語が世界を平和にするこれだけの理由』（飛鳥新社）の著書があります。その中で目からウロコの話が書かれているので、その要旨を筆者なりに纏めて紹介いたしましょう。

過去200～300人の教え子を日本語留学のため日本に送り込みました。彼らが1～2年してカナダに戻って来ると、殆どの学生が優しくなっているのです。なんと日本語を話し日本で生活すると本人が気付かないうちに性格が変わってしまうのです。話し方も変わります。声が変わります。静かな声で話をするようになります。

つまり攻撃的な性格が姿を消します……。このようにカナダの学生が日本語を使って生活するようになると、こぞって性格が変わり調和の心を持つようになってゆくのです……。

このように著書の中で、金谷氏は自身が体験した日本語のパワーを明確に書いているのです。

英語で喧嘩すると拡大、日本語に切り替えると治まってゆく

さらに日本語が和の波動を生み出す事例として、筆者が敬愛している、日本でも有数の実績を持った翻訳会社・BABELを立ち上げられた湯浅美代子社長から聞いた面白い話を紹介いたしましょう。同社では日本国内とハワイに翻訳学校を開講しているのですが、その生徒さん方のエピソードです。

「翻訳学校の生徒さんには国際結婚している方が多く、当然それらの学生さんの家庭でも夫婦喧嘩が起きたりします。夫婦で英語等で口喧嘩するとますますエスカレートしてゆく……、が、お互いに日本語に切り替えて喧嘩すると自然に治まってゆく……」、こういう事例が数々起きているとのことです。

多くの外国人が称賛する優しい調和に満ちた国民性

近年、ボーダレスの時代を迎えて、多くの観光客やビジネスマンが世界各地から日本にやって来ます。それらの訪日する外国人が日本や日本人に接し、異口同音に日本人の国民性を称えています。

親切、優しい、思いやりがある、礼儀正しい、時間を守る、安全である、紛失物が戻ってくる、駅のホーム等で整然と並ぶ、ゴミが落ちていない、信号を守る、クラクションを鳴らさない、電車内も静かである、小学生の子供が一人で電車通学している……などなどと調和と安全に満ちた日本人の国民性や日本文化を称賛していることが、ネットの世界では頻繁に発信されています。

以上、日本の特異性、日本文化の特長、日本人の精神性について幾つか挙げてみましたが、この優しい思いやり溢れる調和の気風に満ちた日本、そして日本人の国民性はどこから来ているのでしょうか？

日本の歴史・伝統、習俗・風習、気候風土、日本人の血筋・資質、その他いろいろあると考えられます。いずれも肯定できますが、筆者はその最大の根源的な力は母音中心の言語・日本語にあると理解しています。

何故なら、全ては波動によって成り立っているのが宇宙の真理であり、その波動を左右するのが言葉であるからです。言葉の波動が意識を左右する。その想念が創念になって現象化してゆくからです。

平明で綺麗な母心の波動を生み出す日本語というソフトが、その奥に脈打っていることは間違いないことなのです。

第十三章

言葉を正せば波動の乱れが治まる
そこに人類が救われる道が開かれる

繰り返しますが、人類は体主霊従から霊主体従の時代へと大転換する真っただ中にあります。であるからこそ世界中に大動揺、大混乱の大嵐が吹き荒れ、多くの人たちが先を見通せない不安と、暗い思いに駆られているのです。

このような時代であるからこそ、これから迎える共存調和の霊主の時代に最も適切な言葉として、前章で詳述しましたように調和と平和をもたらすソフトとして日本語が注目されてくるのです。世界の言語の中で最も宇宙に通じ、調和の波動を生み出す言葉、それが日本語であるからです。

物・金・エゴの価値観で迷走し、危機に立つ人類

過去3千年の人類の足跡は宇宙の摂理から大きく踏み外した物・金中心の生き方でした。エゴの生き方が暴走し対立・抗争・戦争の歴史を繰り返してきました。物性が主体で霊性が従になってしまったところに、その原因があったのです。物の面を重視し精神面や霊性を軽視したところに今日の混乱と危機の深因があったのです。

今までの時代を船に喩えれば、狂った羅針盤に頼って荒海を漂い続けてきたということです。不幸と混乱の人類史がこのことを明確に現わしているのです。

いや、そんな馬鹿なことはない、人類は宗教・哲学・倫理など様々な精神的教えや哲理を築いてきたではないか、という反論を頂戴するかもしれません。確かに人類はいろいろな精神的哲理を築いてきたことを否定するつもりはありません。しかし、それらの諸々の精神的教えや哲理も物性主体の価値観すなわち物・金・エゴ中心の生き方に歪められてしまっていたのです。

したがって、この物心のアンバランスによって生じている地球人類の危機と混迷を解決するには、今日の高度に進んだ物質科学に匹敵する高いレベルの精神科学性を有した哲理が必要不可欠になっているのです。

言葉の本質に目覚め、波動を変える必要がある

さて、今の世界を冷静に見つめますと地球環境の破壊、異常気象、政治・経済の破綻、コロナに象徴される疫病、核戦争などなど、私たち人類は絶滅の危機に直面していることを誰もが感じ取られているのではないでしょうか。表面的に捉えると人類は救い難い最悪の方向へと進んでいるのです。

この様々な不幸や混乱は、その奥に物・金・エゴ中心の人々の意識が働いているからなのですが、さらにもう一歩探ると、そこには悪しき言葉のエネルギーが渦巻いていることに、ここまで本書をお読みくださった諸兄は気付かれると思います。

「言葉の乱れは波動の乱れ、波動の乱れは心の乱れ、意識（こころ）の乱れは世の乱

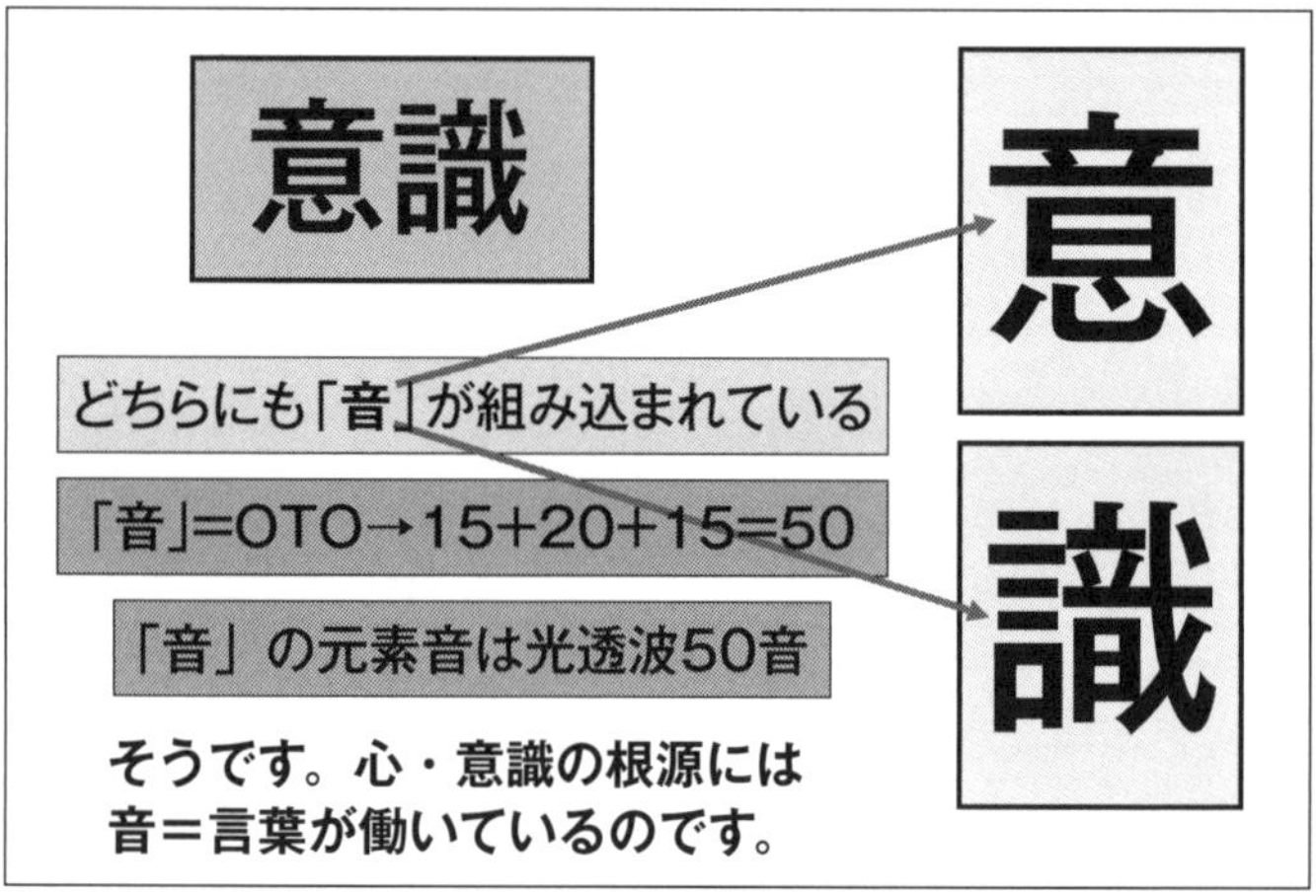
意識
どちらにも「音」が組み込まれている
「音」=OTO→15+20+15=50
「音」の元素音は光透波50音
そうです。心・意識の根源には
音＝言葉が働いているのです。
意
識

図版31

れ」と繋がっているのです。しかし、殆ど多くの現代人は「言葉の狂い↓意識の狂い」に全く気付かずにいるのです。

波動を変える？　当然、誰もが、どのようにすれば？　と思う筈です。実は波動↓言葉は繋がっているのですから、波動を正すには言葉を正してゆくことが求められているのです。コトバの波動を高めてゆくことが不可分なのです。救いの道はコトバの活用にあるのです。言葉は波動、悪しき言葉の乱用は悪しき波動を湧き起こらせます。愛と調和に満ちた善き言葉、誠の言葉は光の波動を生み出します。

言葉は音であり、音は波動。この音の組み合わせ、言葉の組み合わせによって私たちの意識は生み出されているのです。このことを証しているのが図版31です。

音が組み合わされて言葉が生まれ、言葉の組み合わせによって思考が成り立ち、思考は意識を生み出します。この意識が描く想像は創造、現象化・現実化する力を有しているのです。このことに関しては第五章で詳述済みです。

私たちには、この時代を克服する責任がある

宇宙の仕組みには偶然はありません。それが真理であるならば、この時代に日本人として、母音中心の日本語を使い、日本の国土で生きている私たちには、当然、そのためすべき使命がある筈です。殆どの現代人はこのことを忘れていますが、実は私たち一人一人の魂はこの時代に生きることを選び、この時代を乗り越えてゆく使命を担っているのです。

しかし物に支配され、金に牛耳られ、弱肉強食の厳しい現実社会に怯えている現代人は、このことをすっかり忘れ去って迷走・暴走しているのです。ですからこの混迷の時代を乗り越えてゆくにはガイドが必要なのです。

長い間、全世界を仕切ってきた闇の勢力・DS（ディープステート）の意のままに操られ、支配されている政治家や経済界や学界、医学界の人たちの言葉、そして闇の勢力・DSの代弁者であるマスメディアによる情報操作によって、いつまでも私たちがマインドコントロールされていては活路を見出すことはできません。今までの暗黒の夜の時代から昼の光明の時代へと導く灯台・道標が求められているのです。

くどいようですが、この宇宙は全て波動によって成り立っています。ですからこの波動を活用するところに活路が開かれて行くことに気付く必要があるのです。そして言葉は音ですから、当然、波動です。この言葉の波動を活用することによって、時代の荒波を乗り越えてゆくことができるのです。

物・金・エゴに覆われたネガティブな波動でなく、調和・平和をもたらす光の波動に切り替えてゆくことが求められているのです。

長年にわたり筆者が啓発を受けました前掲の一二三朋子先生は、神界からの啓示集を幾冊も刊行されています。その一つに『続神誥記』があります。

［2002年12月28日の一節］

「宇宙に遍く広がる悪の強き力を打ち消すには言霊・波動の力のみ。祈りの波動が宇宙を巡り、悪しき力を打ち消して、無の状態へと返しゆかん。人の心も支配する、悪しき波動を好転させせよ」と、あります。

このように神界からも、言葉の波動がこれからの時代を救う唯一の道であることが伝えられているのです。

そして嬉しいことに、宇宙の大いなるご意図により人智・人学を超えた救いの道が開かれているのです。「最悪の裏に最善あり」と古くから言われているように、この転換の時代故に救いの道が開かれている、それが本書で紹介している光透波であり、光の言葉なのです。

第十四章

「令和」は霊性に和す時代の到来
言葉の原点に返るところに救いの道が

人々は様々な言葉や理論を活用し救済を求めてきた

人類は古今東西を通じ、本書で説く「光の言葉」と同じような言葉の波動を使って、救いの道を実践してきました。様々な祈りの言葉、マントラ、祝詞、経文、呪文などを唱えてきました。全て言葉、波動のパワーです。

また、近現代では有名なナポレオン・ヒル、アファメーション、斎藤一人氏の天国言葉、中村天風氏の言葉などなど、言葉のエネルギーを活用して、自身の願いを実現し、幸福と発展を叶えようとする啓発書や教えがいろいろと世に出ています。事実これらによって多くの人たちが救われ、多くの実績をもたらしていることは確かでありましょう。

光の言葉は宇宙の真理に立脚した救いの言葉

これらは、いずれも肯定的なポジティブな言葉を積極的に使うことで自己暗示し、自身の願いや理想を引き寄せることで「光の言葉」と軌を一にするものと言えましょう。当然、本書ではこれらの言葉のパワーによって人々を救う教えや哲理に賛同するこそすれ、否定するものではありません。これらは宇宙の法則に順じる故に現象化の力を有し、多くの人たちを救っているからです。

この一面を捉えて、読者の皆さんの中には、なんだ「光の言葉」は、アファメーション、ナポレオン・ヒル、斎藤一人氏の天国言葉などと、何ら変わらないのではないか？　と思う方が出てくると思います。

ところが、似てはいますが、その本質は根本的に違うところがあるのです。何故なら、これらの救いの言葉や教えの多くは、何故にそこに救済現象が起きるか？ その論理性、哲理が説き明かされていないからです。説かれていても究極の言葉の本質・宇宙の真理解明に至っていないからです。そこに「百尺竿頭《かんとう》に一歩を出《い》でず」、「光の言葉」と本質的な違いがあるのです。

註――「百尺竿頭一歩を出《い》でず」とは、百尺の棹のてっぺんに至っても、そこから先を超えることができない。ここでは宇宙の真理の究極に達していない意味です。

光の言葉は、時の到来で宇宙のご意図によって人類救済の最高哲理として生み出された光透波に立脚しているのです。ここに今までの言葉のエネルギーを活用して現世利益的な救いをもたらしてきた様々な教えや哲理との違いがあるのです。

光透波↓光の言葉は精神科学性を持ち宇宙の真理に立脚した哲理であり、ただ単に個人的な救いの段階を超え、全地球人類的な救いの域に入った哲理であるということです。そこには宇宙の森羅万象を生み司る根本的なエネルギー、波動が脈打っているのです。一つ表現を変えれば霊的な科学性をもった哲理であるということです。

求められるのは夜明けの時代を導く道標

霊主体従の時代を迎え、個人的な現世利益的な救いを超えて、人類の夜明けの時代の道標になってゆくものが求められているのです。

言葉の奥に秘められた宇宙の真理＝ご意図を読み解く光透波理論は、言葉→コトハ→光透波、光透波理論は正に時代が求める道標であり、またアセンション＝覚醒の手引きになってゆくものです。

【令和は霊性に和す時代】

時代は「令和」→「霊性に和す」時代を迎えているのです。第二章に掲載していますので重複しますが「令和」を字割すると次の図解のように「元素音＝光透波50音を現わして霊性に和してゆくように」と読み解けます（図版32）。

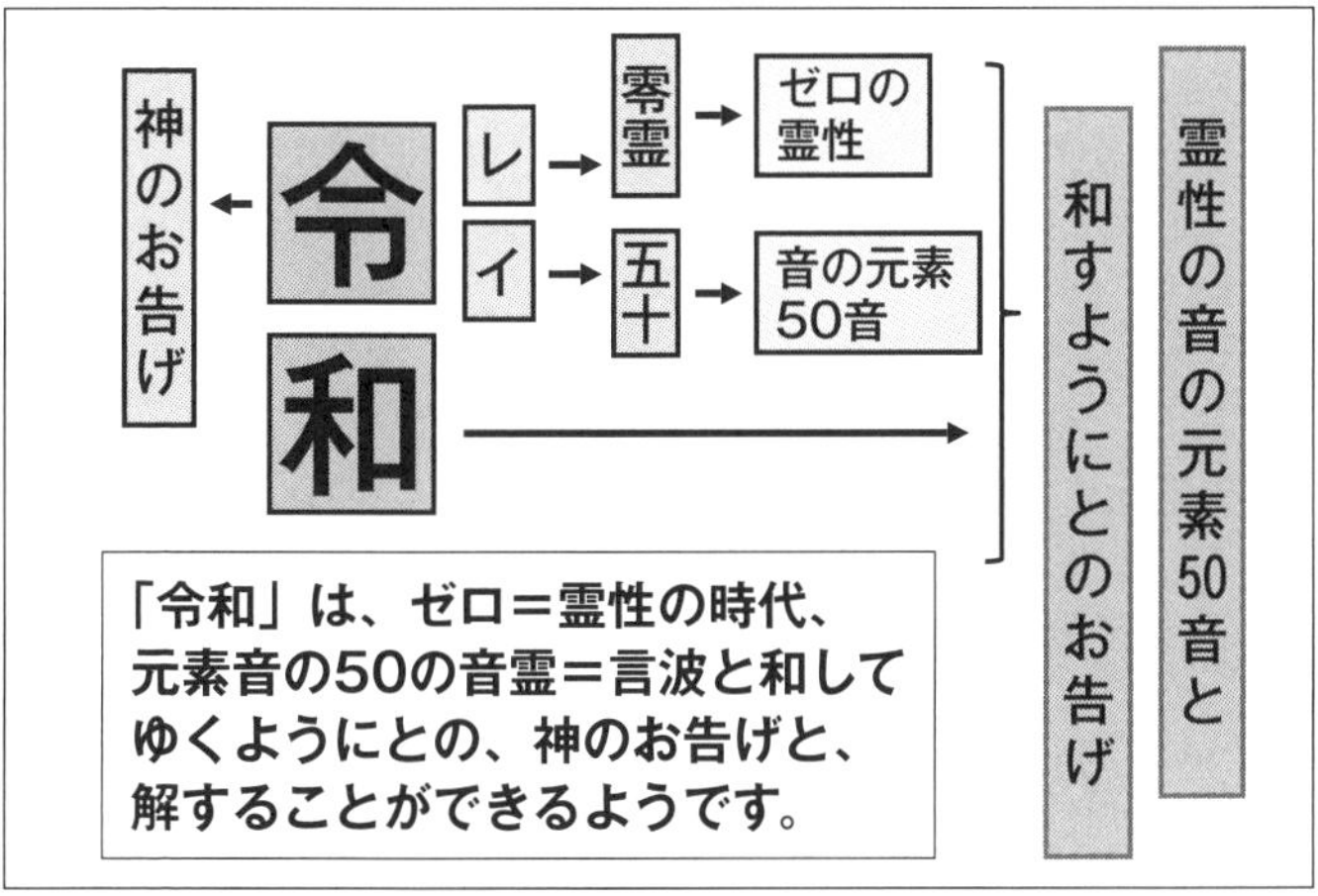
霊性の音の元素50音と
和すようにとのお告げ
神のお告げ
令
和
レ
イ
零霊
五十
ゼロの霊性
音の元素50音
「令和」は、ゼロ＝霊性の時代、元素音の50の音霊＝言波と和してゆくようにとの、神のお告げと、解することができるようです。

図版32

時の法則には人は勿論、神も宇宙も従わざるを得ません。21世紀を迎え令和の時代に入ったということは、いよいよ世界人類は体主霊従から霊主体従の時代へ、物質中心から霊性・精神中心の時代へ、比喩的に表現すれば夜から昼の時代へと大きく移り変わる真っただ中にあることを意味します。

昼の太陽が燦々《さんさん》と降り注げば、夜の時代に輝いていた様々な光は昼行燈《あんどん》同様になるように、今までの時代に人々を導いてきた宗教や哲学、主義や思想、倫理道徳では救いの光が見出されない時代に入っているのです。この時代の変化に気付き、生き方を切り替えてゆかねば人類の救いの道は開かれないのです。

政治・経済・社会等の闇が明らかになってゆく

令和の大転換の時代に伴い、過去3千年来の物・金・エゴ中心の体主霊従の悪夢から人々が目覚め出し、物心調和、共存共栄してゆく時が開かれてゆくのです。それ故に今日、世界的な広がりをもって過去に積み重ねられてきた様々の悪しき膿《うみ》が湧き出て、今まで隠されていた闇が次々とあばかれているのです。

ほどなく今日の病んだ政治・経済・社会・マスメディアの実態が明らかになり清算されてゆくでしょう。併せて世界を裏から牛耳っていたディープステート勢力が駆逐され、崩壊するようになるのです（図版33）。

今まで新聞やテレビ報道を全面的に信じてきた方々には、信じられない……、もっ

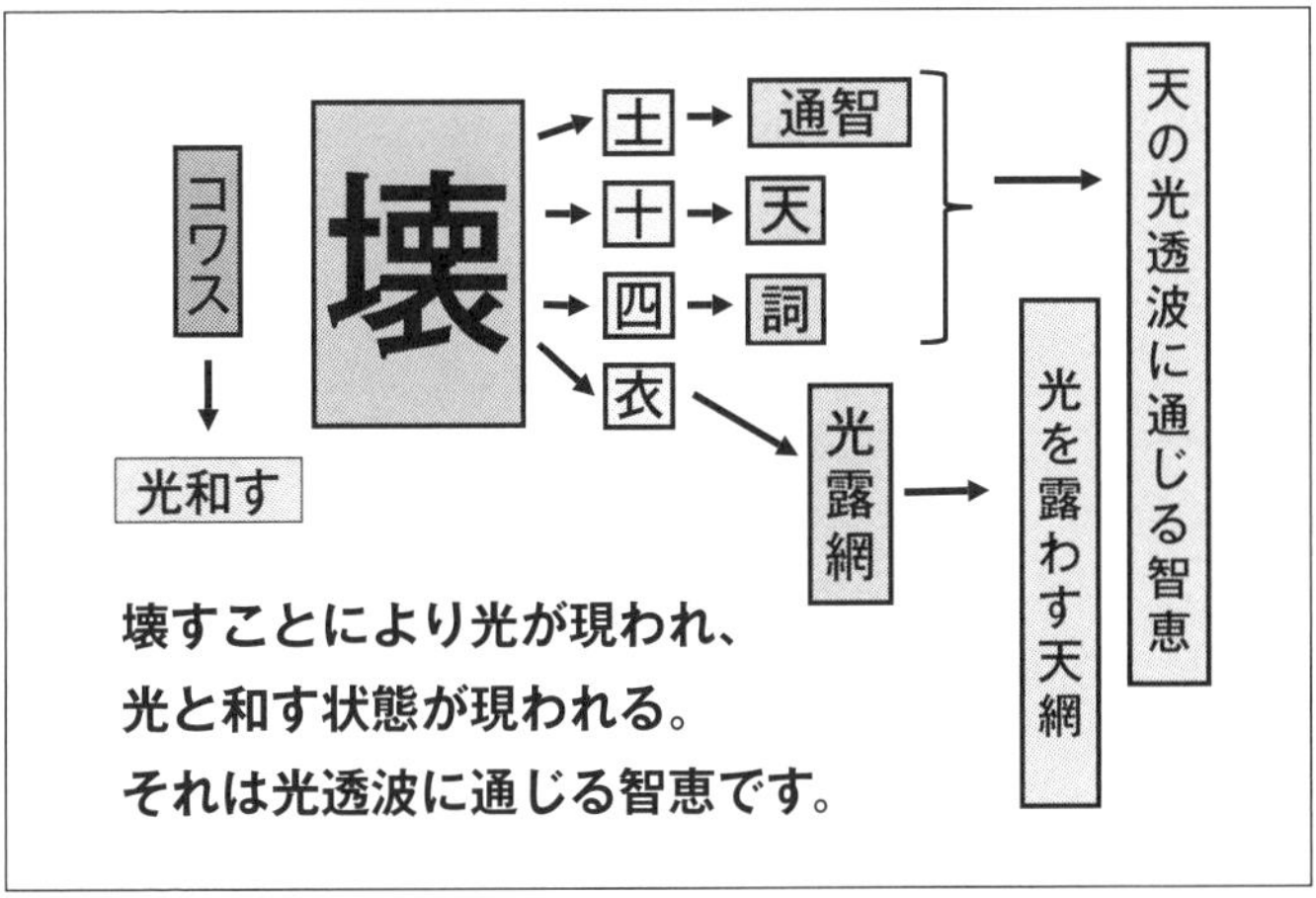

図版33

と言えばこのような話は陰謀論だと反発する方も多いと思います。が、マスメディアの報道の多くがウソであることが明るみに出てくるのです。コロナワクチン報道しかり……、米大統領選しかり……、中国関係の報道しかり……。ウクライナ情報しかり……、株や経済情報しかり……、そして国や民族を裏切り続けている近現代の日本政府の数々の政策しかり……。全て正邪善悪が明らかになってゆくのです。

既成の権威がことごとく崩壊してゆきます

今までの学校教育の内容やいろいろな常識、歴史観、そしてテレビ・新聞などでマインドコントロールされてきたことが覆り、多くの人たちが戸惑い、進むべき方向性を見失ってゆくことが予想されます。比喩的に言えば夜から昼の時代に変わる大変化が起きるからです。

夜の時代に人々を導いてきた宗教・哲学・科学、そしてそこから派生した諸々の生き方や主義・思想、国連やWHO・ユネスコ等の国際機関や国際経済組織、サミットやG7やダボス会議などなどの各国首脳の会議などは機能しなくなり、崩壊してゆくことは間違いありません。

また、コンピューターをベースにしたAI（人工知能）やビッグデータやロボットを駆使したとしても、この時代の大転換を乗り越えることができないことが明らかになって行くことでしょう。何故なら物質偏重の考え方に囚われた人智・人学・人為で

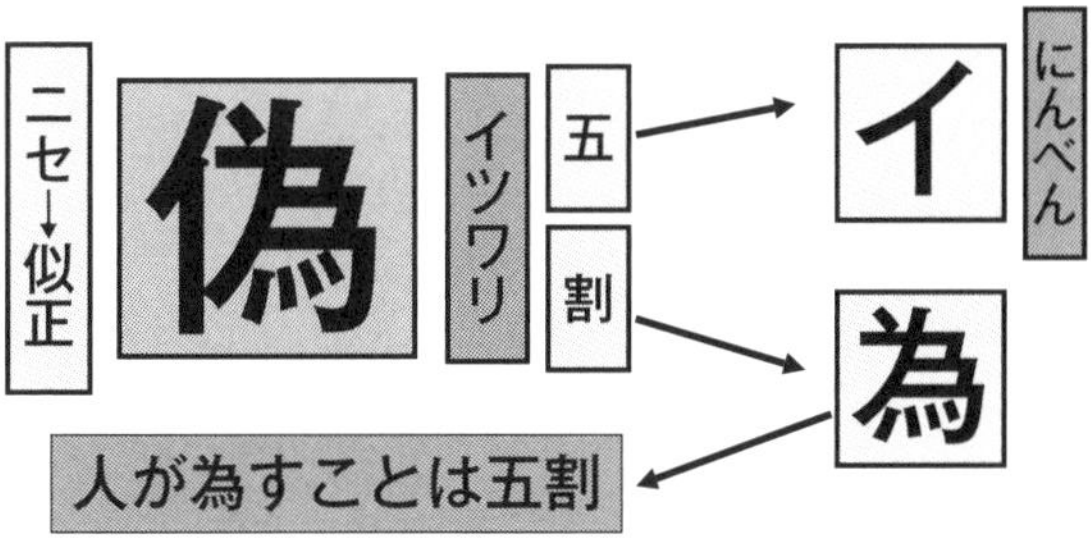

どんなに正しく似せても、人が為すことは、五割しか全うできない。モノ・金中心で霊性を失っているので、神のご意図と繋がっていない偽物の域から脱せないのです。

図版34

は、宇宙の大きなご意図に対応できないからです。

【人が為すことは「偽」】

このことを一文字をもって明かしている文字がありますので紹介いたしましょう。図版34の「偽」という文字です。「人が為すことは全て偽である」と教えているのです。

今まで信じ縋《すが》り頼りにしてきた宗教・哲学、科学や様々な思想や主義等が崩れてゆく。人智・人学・人為によって生み出されたものは、全て信頼を失い人々は

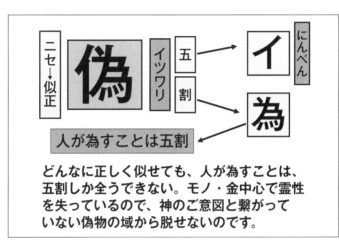

進路を見失うようになってゆくのです。

偽り＝イツワリ＝五割。では残り五割はどこにあるのでしょうか？　それは「物性」に対する「霊性」の領域、宇宙に通じる波動の世界、表現を変えれば光透波の世界に脈打っているのです。その新しい道標に気付くことが求められているのです。

新しい時代の羅針盤こそ言葉＝言波の波動

何事も行き詰まって、ニッチもサッチもゆかなくなった時は原点に返って再スタートするしか解決の道は開かれません。

聖書のヨハネ福音書に「初めに言葉ありき、言葉は神と共にあった。言葉は神なり、全てのものは言葉によって成った」と書かれてありますが、この始めの原点、すなわち言葉に目覚め、言葉の狂いに気付き、軌道修正してゆくことが求められているということです。

地球人類の混乱と混迷、破滅の道へと驀進《ばくしん》している今日の危機は、宇宙に通じるコトバの原点に立ち返り、再構築してゆくしか道はないことに気付かねばならないのです。こうした本書の主張と全く同じことが神界からも降ろされていますので紹介いたしましょう。

『神誥記』（一二三朋子先生の啓示集）の一節「波動について」から。

波動とは、全ての事象、万物の、全ての元なり、大本なり。
波動によりてことばも生まれ、波動によりて命も生きなん。
波動を損ない、衰えぬれば、命も絶えて、生は終わりぬ。
全ての元の波動を守り、高め強めて、さらに浄めば、命は長らえ、病も治らん。
波動の元はことばにも、光にもなり、力となりて、伝え広がり、全てを浄めん。
浄める元は波動にあれば、人は守れよ、命の根源。波動も光も、ことばも全てを。
ことばを汚すは波動を乱し、この世を乱して、滅ぼさんとす。
正しき波動、清き波動は、全てを育み、癒しとなるらん。

波動を乱し、狂わす者は、やがては己の命さえをも、傷つけ、弱めて、失いなん。
なればこそ。言葉を正し、呼吸を整え、軽やかに、ことばを発せよ、大切にせよ。

人類は波動の基たる言葉に目覚めることにより霊性を高めることができ、物心調和の理想の時代、宇宙の大いなるご意図に叶った光と愛の生き方へと転換してゆくようになれるのです。その弥勒（ミロク）の理想世界＝昼の時代を迎えるに際し、天のお仕組みで光透波が小田野早秧先生を通して降ろされたということです

この新時代の羅針盤こそ、波動の哲理であり、なんとそれが言葉の波動に繋がっていたということです。

第十五章

宇宙は究極の命の波動によって成立
その波動こそ光透波→言葉に繋がっている

地球・太陽・銀河が真空透明の宇宙に浮いている

漆黒の真空透明の宇宙空間には太陽や月を始め、天の川、無数の星々が煌《きら》めき、そして大空の中に浮いていています。不思議と思いませんか？

私たちの地球を始め太陽、その他の星々の重量に想いを馳せたことがあるでしょうか？　今日の宇宙物理学ではこれらの天体の全ての重量を計算することができています。

・地球の質量……6×10の24乗kg

・太陽の質量……2×10の30乗kg
・銀河の質量……2×10の41乗kg　etc.
人智では想像できない超重量の星々や天体が、真空透明の宇宙空間に浮いているのです。何故でしょうか？　不思議と思いませんか？

地球を覆う空気よりもはるかに軽い真空で成り立っている大宇宙空間。その無限に広がる真空透明の中に、全ての天体を浮かす無限大なる力が備わっているのです。

現代科学の一番の間違いは宇宙空間の捉え方

この本書の内容に符合する見解を述べている科学者がおりますので紹介いたしましょう。宇宙の真理を探究しNASAの研究スタッフとして世界最先端の科学情報を習得。帰国後に『ZEROの法則』の著書を刊行。その後講演活動を展開された物理学者の川又審一郎先生です。氏はその講演の中で「現代科学の一番の間違いは宇宙空間の捉え方である」と卓越した見解を述べられているのです。

「現代科学は宇宙を物質（天体・星々）が存在する空間と受けとめ、天体や星々に焦点を合わせ、それらの天体を宇宙と認識している。その天体を懐胎している空間を無視していることである。真実・実相は物質を生み出す母胎そのものが宇宙空間であるのであるが、それを無視していることである。

宇宙空間は海に喩えられる。海の中には無数の魚類、海藻、プランクトンが存在している。それらの物質（星々や天体）を海とは言わない。海とはそれらを生み出し、懐胎している水（H_2O）のことであり、宇宙とは真空透明な無であり空である存在である。

ところが現代科学はその真空透明な宇宙の実態を無視して、物質的なる天体に焦点を置いているのである。

万物を生み出し懐胎しているその真空の透明な世界そのものを無視している。そこに大きな間違いがあり、限界があることに気付いていないのである……」と。

現代の宇宙物理学では、天体を浮かしているエネルギーを未知なる素粒子と推定するダークエネルギーと推理しているようです。では真空透明な宇宙とは？　ダークエネルギーとは、何なのでしょうか？　現代科学では未だ解明されていないのです。謎は深まるばかりですね……。

「浮」の文字の奥に秘められた宇宙の実態

ところが、面白いことに、文字の奥に潜む真理を読み解くことができる言霊学＝光透波の字割解釈によって、この謎をものの見事に明らかにしている文字があるので紹介いたしましょう。

それは「浮」という字です。この文字を字割解説したものが図版35の字割図解です。少々難しいので解説をしてゆきましょう。

「浮」→「氵」＋「孚」。光透波理論では「氵」＝「詞」＝「光透波」の意味になり、

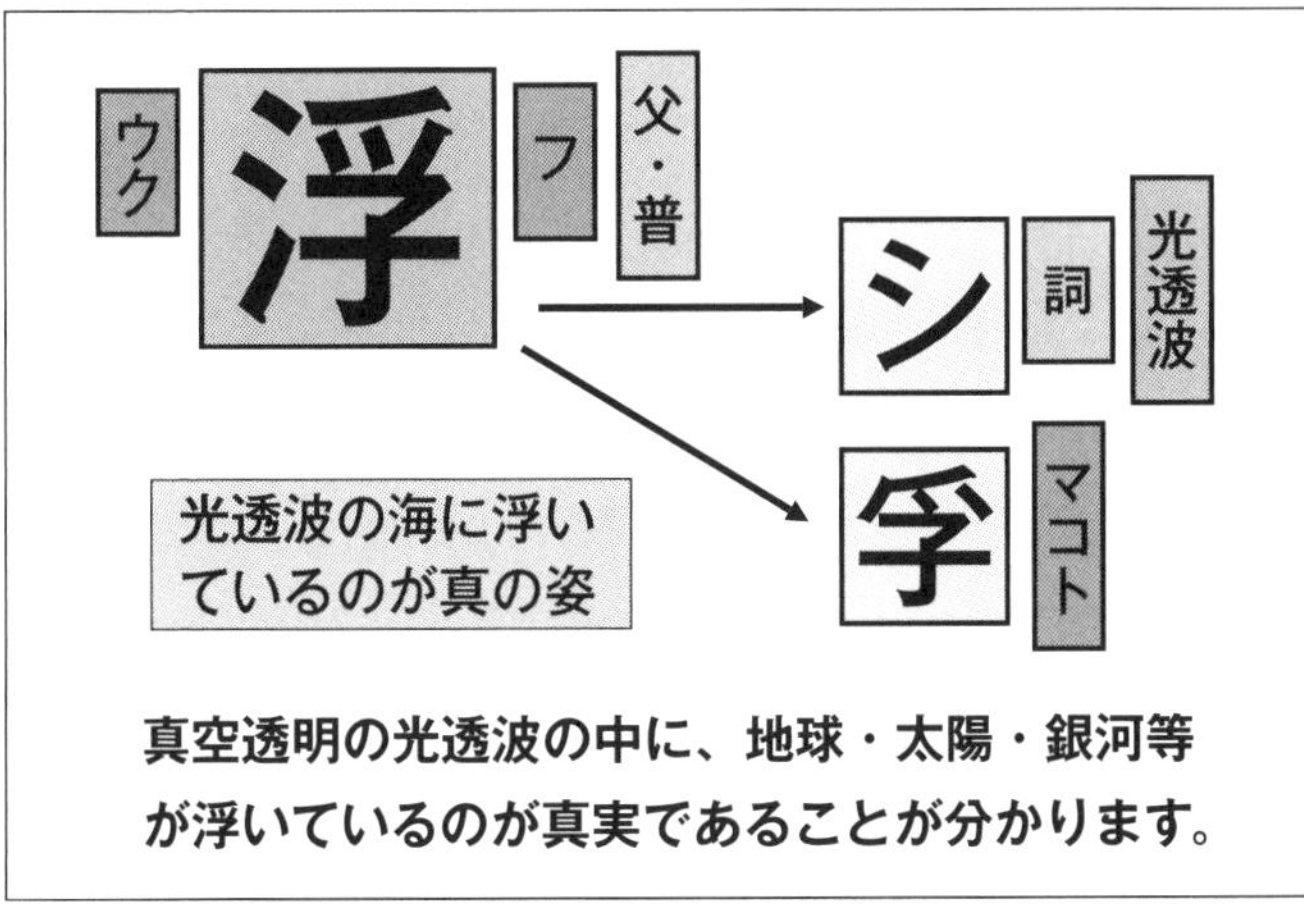
ウク
浮
フ
父・普
シ
詞
光透波
孚
マコト
光透波の海に浮いているのが真の姿
真空透明の光透波の中に、地球・太陽・銀河等が浮いているのが真実であることが分かります。

図版35

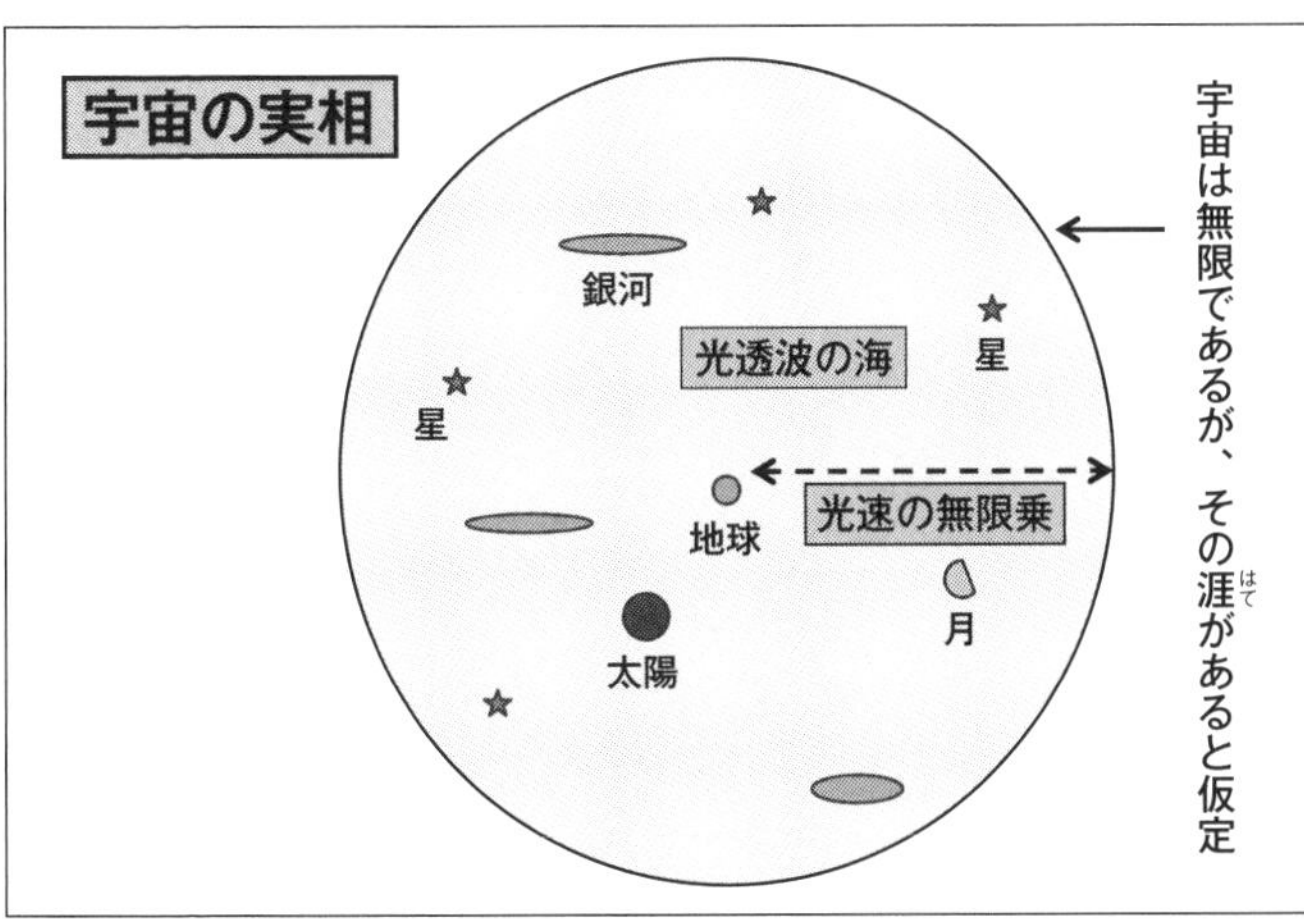
宇宙の実相
銀河
光透波の海
星
星
地球
光速の無限乗
月
太陽
宇宙は無限であるが、その涯《はて》があると仮定

図版36

「孚」は「まこと」と読みます。したがって水に油が浮くの意味の「浮」の文字の奥に隠された深意は、図版36のように光透波の海の中に全ての天体が浮いていることを、表現している文字だったのです。

この宇宙の森羅万象、一切万有が波動により生成流転していることは現代の科学でも認知されています。

大宇宙の中で脈動するありとあらゆる無限の波動の中で、最小究極、最強の根源的な波動でありエネルギーが、現代の宇宙物理学で「未知なる素粒子」と表現されている、その奥にある光すらも透明にさせてしまう「光」の「透」明な「波」動、すなわち「光透波」なのです。それが光透波↓コトハ↓言葉に通じる無限究極の一切万有を生み出しているエネルギーであり波動でもあるということです。

「裏」の文字の奥に秘められた宇宙の実態

宇宙の実態は「裏」の文字にも明確に表現されていますので紹介いたしましょう。

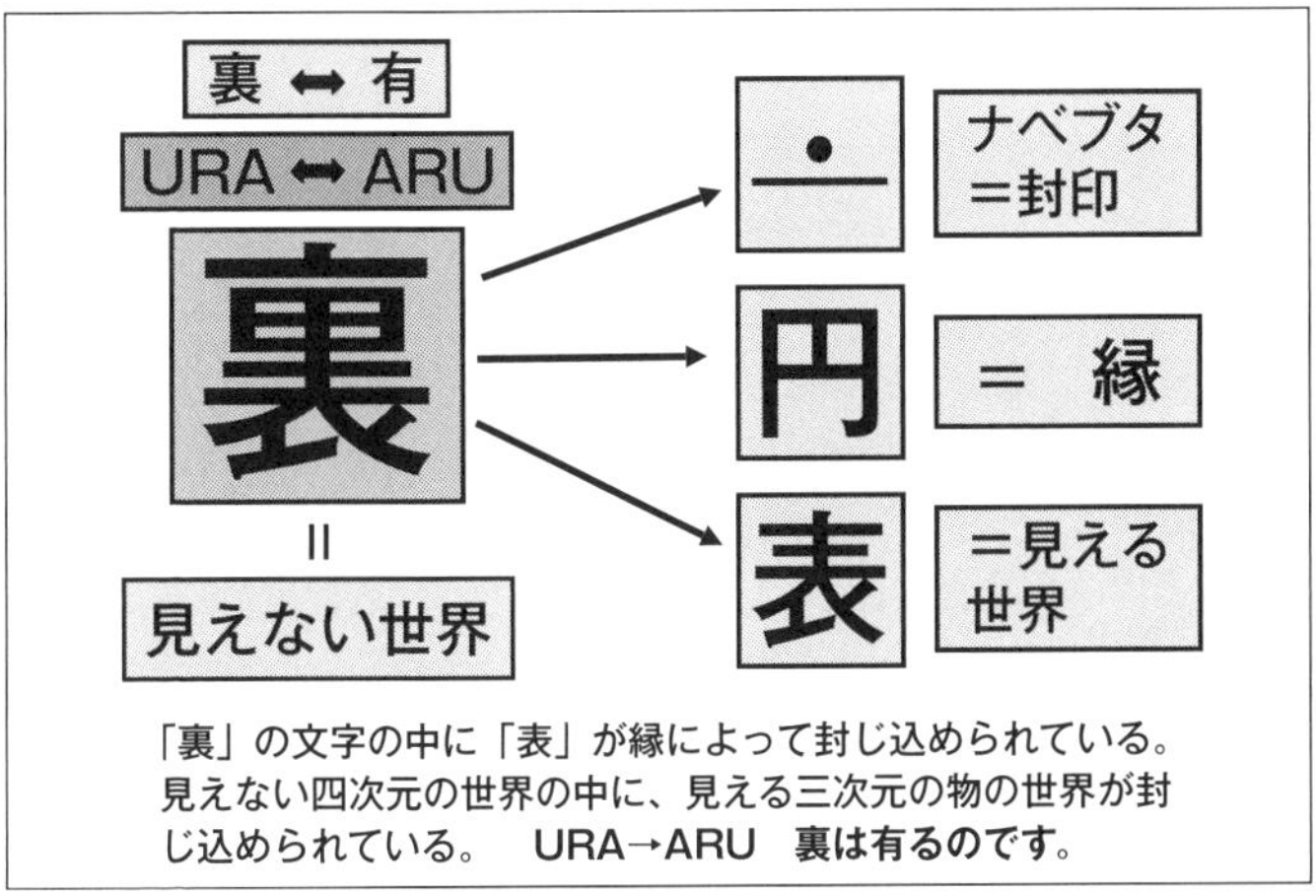
裏 ⇔ 有
URA ⇔ ARU
裏
＝
見えない世界
亠
ナベブタ
＝封印
円
＝　縁
表
＝見える
世界
「裏」の文字の中に「表」が縁によって封じ込められている。
見えない四次元の世界の中に、見える三次元の物の世界が封じ込められている。　URA→ARU　裏は有るのです。

図版37

通常「表」の字は物の見える世界を意味し、「裏」の字は霊的な見えない世界を意味します。それで「裏」の字を読み解いてみますと、そこに図版37のように「表」の文字が組み込まれていることが明らかになるのです。

表現を変えれば霊＝エネルギー＝波動の世界の中に、物の世界が組み込まれていることを教えているのです。それをものの見事に表現しているのが「裏」の文字ということです。

この字割図解のように、見える物の世界は、見えない霊的な世界の中に封じ込められている。その封じ込めている実態こそ極小の素粒子よりも微細で最小で最強な究極の意識子の力＝光透波のエネルギーで成り立っていると、推理できるのです。この地球はもとより全宇宙は、光透波（コトハ）のエネルギーによって成り立っているということです。この実態を別の角度から表現しているのが「真」（まこと）の文字です

「真」の文字の奥に秘められた宇宙の実態

宇宙の実相は第三章で詳述しました「實」の字に明確に現われていますが、再度掲載しますとダブリますのでここでは割愛し、代わりに同じ「まこと」と読む「真」の文字を字割して理解を深めていただくことにいたしましょう。

「真」の文字の字割を同時に二つ紹介しましたので戸惑う方もおられるかもしれませんが、この世の真實は宇宙を貫いている命の波動であり、その実態が光透波であるこ

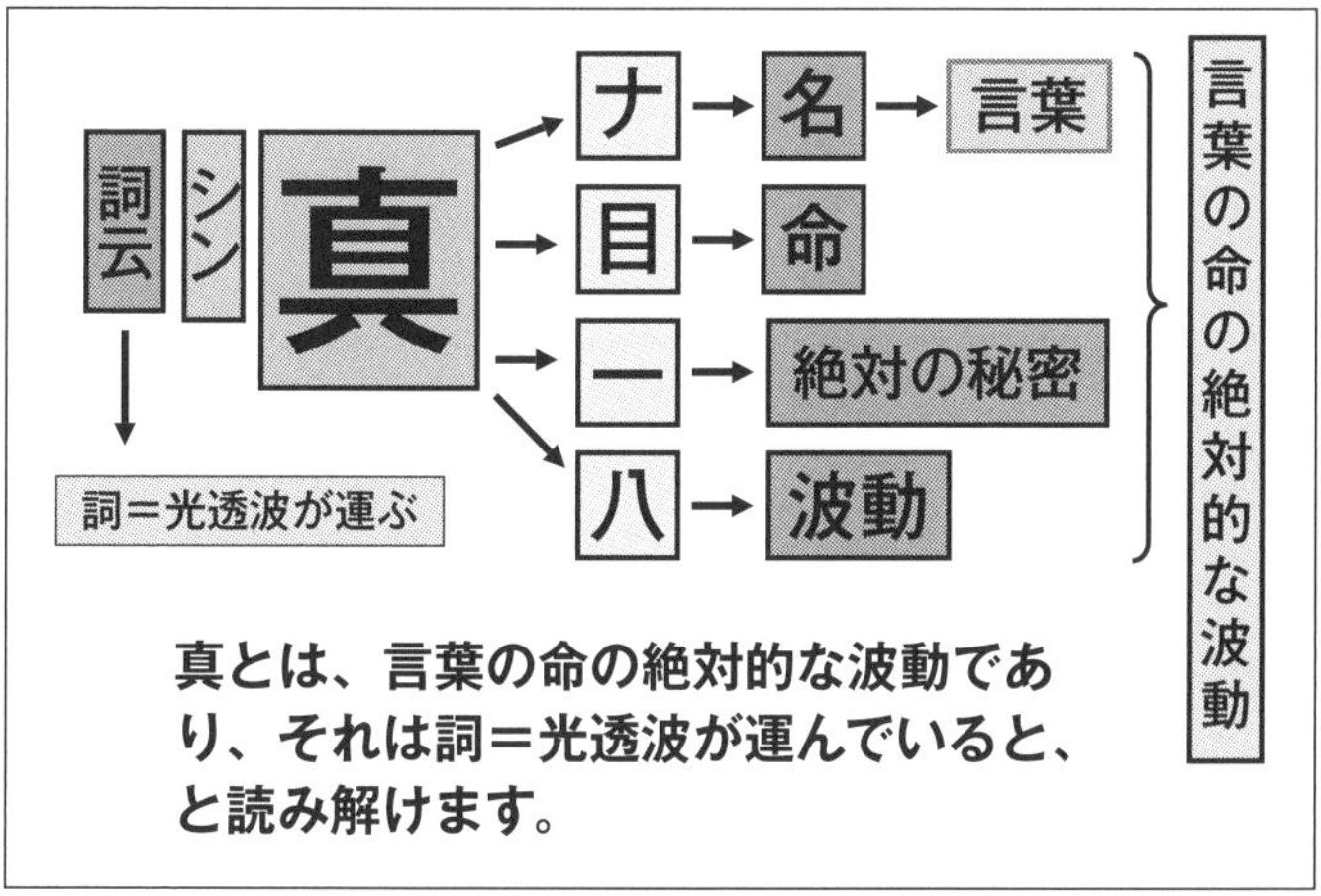
詞云
シン
真
ナ
名
言葉
目
命
一
絶対の秘密
八
波動
詞＝光透波が運ぶ
言葉の命の絶対的な波動
真とは、言葉の命の絶対的な波動であり、それは詞＝光透波が運んでいると、と読み解けます。

図版38

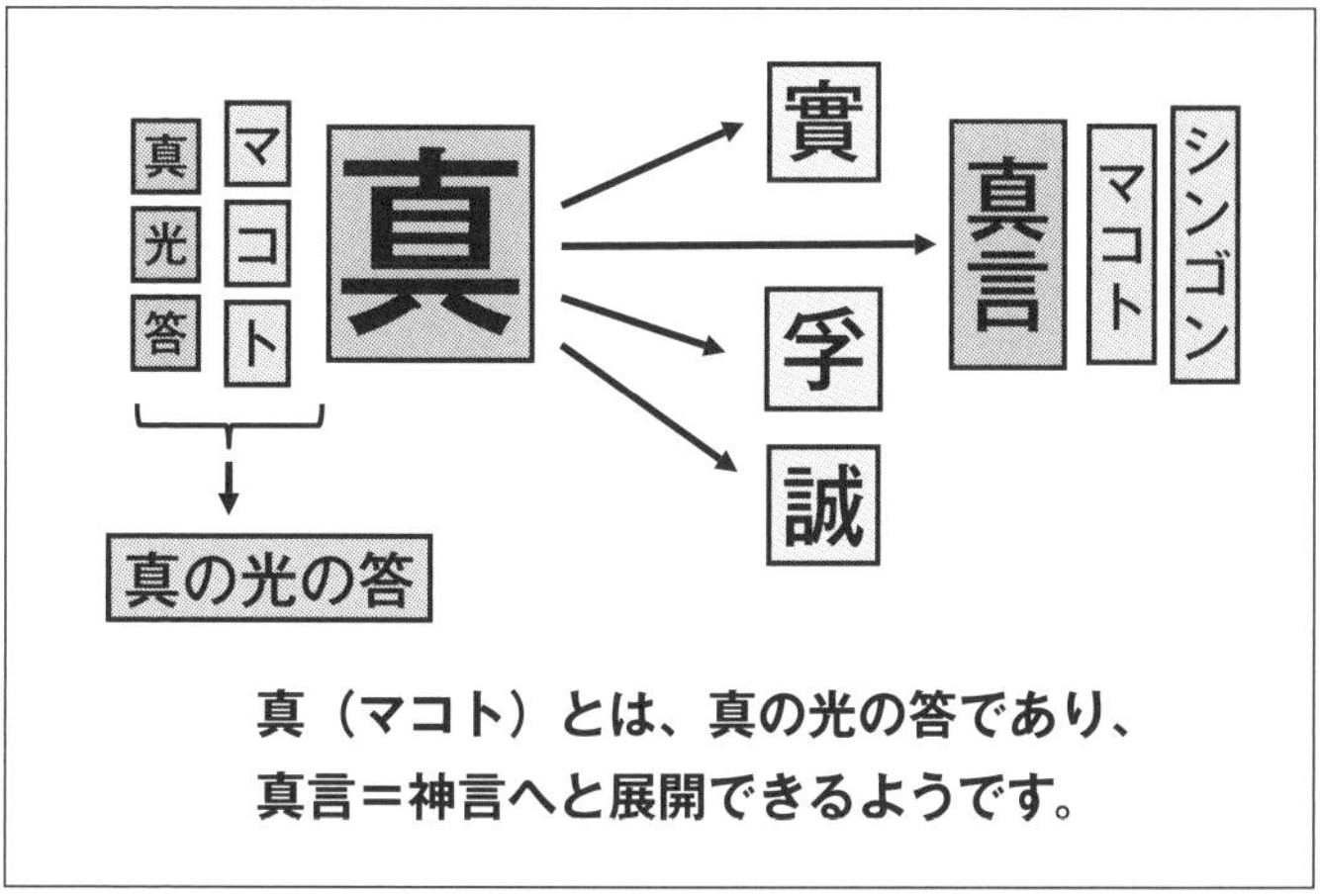
真
光
答
マ
コ
ト
真
實
孚
誠
真言
マコト
シンゴン
真の光の答
真（マコト）とは、真の光の答であり、
真言＝神言へと展開できるようです。

図版39

とを、ものの見事に「真」の文字は教えているのです。

現代科学でも認知しているように全ては波動によって成り立っています。有形の物質も無形の電波・光、さらに突き詰めてゆけば、私たちの身体にしても心にしても魂にしても命にしても、全ては波動によって成り立ち動いているのですが、その究極の命の波動こそが光透波であることを図版38・39の図解は明かしているのです。

このように光透波理論の字割によって文字を解読し、奥に秘められ深意＝真意＝神意を読み解いてみますと、如何に言葉・文字には凄い哲理が秘められているかが分かります。

量子力学・同調波長の法則・引き寄せの法則・意識の法則・因果の法則・電気的な法則・数の法則・その他、諸々の法則の頂点に立っているのが、「光」の「透」明な「波」動である光透波（コトハ）の世界であることが、ご理解いただけたのではないでしょうか。

第十六章

光透波は宇宙創成の究極の波動
偏物質科学文化の欠点を正す精神科学

物質文化一辺倒の考え方で危機に直面する人類

くどいようですが今日、世界の殆どの人たちは物・金・エゴ中心の価値観で動いています。表現を変えれば物質中心の考え方に囚われて、目に見えない霊性面をないがしろにして生きています。

そのため物心の不調和を生み出し、周知のように人類は原水爆・ミサイルの開発や、地球環境の破壊、世界の各地で頻繁に起きている異常気象、人口の爆発的な増大、食糧危機、各地での戦争や紛争やテロに象徴されるように、様々な深刻な問題を引き起こしているのです。

しかも、物質科学的な思考の枠に囚われ続けて、いつまで経っても気付かず、深刻なこれらの問題を何一つ解決することができずに迷走し、一路破滅の道へと暴走しているのです。

一刻も早く求められる精神科学の台頭

したがって、この現代の偏物質科学文化の様々な歪《ゆが》みを正すには、どうしても物質科学に対応する精神科学性を持った哲理の台頭が必要であり、それにより物・心両文化のバランスがとれる道が開かれてゆくのです。

では、物質科学に対するその精神科学とはどのようなものでしょうか？　インターネットで検索すると、「物理学や化学等の自然科学に対置される歴史学、言語学、経済学、社会学、心理学、宗教学などを総称して精神科学と造語されたが、その後に心理学との位置づけをめぐって、それらは文化科学という名称に替わっていった……」

物質科学	精神科学
有形の物質面を対象	無形の精神面・霊性を対象
物質的なエネルギー	精神・霊的なエネルギー
西洋文明の特長	東洋文明の特長
分析的・細分化	総合的・包容的
人為的、自然に対抗する文化	宇宙的、自然と調和する文化
代表たる国はイギリス アルファベットの力	代表たる国は日本 日本語の力

図版40

と書かれています。「物質科学」は誰もが明確に認識できるのですが、「精神科学」という表現は曖昧で明確になっていないのです。それで光透波理論＝命波学の視点に立って図版40のように纏めてみたので、ご参考まで参照ください。

医学の面で顕著な違いを表わしている西洋と東洋

物質科学と精神科学の違いを手っ取り早く理解していただくために医学を引き合いに考察してみましょう。

西洋医学の特徴は人間の身体を物質的に

捉え内科・外科・脳神経科・呼吸器科・皮膚科・ｅｔｃ．と専門化・細分化している医学です。一方、東洋医学は肉体面よりも精神的に捉えて生命力・精神力・気・神経やリンパの流れ・経絡というように、人間の心身を総合的に捉えてゆく医学です。

このように医学に限らず西洋で生まれた物質文化は専門・細分化し末端へ末端へと極めようとする特徴があり、東洋で生まれた精神文化は総合的・根源へと遡る特徴があると言えるようです。

また、東洋の精神文化は無形の精神・生命・神へと内奥へと究明一体化を目指していく特長があります。一方、西洋の物質文化は有形の物質面で豪華絢爛な文化を築く特長があります。

したがって、精神科学は無形の命ある存在の全体を把握しながら、その内奥へと霊的直感力をもって追及し、生命、霊性面を探究する科学と言えましょう。

反面、物質科学は有形のレンガを積み重ねるようにして一段一段と構築し物質面での真理を追究し高度なものを生み出しますが、そこには生命や霊性面が入っていない科学とも言えるようです。

このように東洋と西洋とは対照的であり本質的に異なりが現われているようです。

求められる物心両文化の統合と調和

この両文化の長所を伸ばし合い短所を補い合い、お互いに補完し合ってこそ物心調和の理想的な文化文明の出現が可能になってくるのではないでしょうか？

ところが、過去5～600年前ごろから20世紀末までは、西洋で発達した物質文化が世界の主導権を握って世界を支配し続けて来た時代でした。その結果、人類は唯物的な偏物質科学文化の虜になり暴走するようになって、物心の不調和を拡大し今日の度し難い時代に陥っていると言えるのです。

したがって、この物心のアンバランスによって生じている地球人類の危機と混迷を解決するには、今日の高度に進んだ物質科学に匹敵する高いレベルの精神科学性を有した哲理が必要不可欠になっているのです。

霊的・精神面でも科学性をもった哲理が求められる

科学性とは、いったい何を根拠にしているのでしょうか？　それは「法則性」「実証性」「客観性」「再現性」「理論性」などの条件を有しているものであることには、何人も異存は無い筈です。

では、そのような物質科学に対応する霊的・精神的な科学性を有した理法が存在するのでしょうか？

「宗教はアヘンなり」の言葉に象徴されるように、今までは手に取れない目にも見えない霊的な分野には「実証性」「客観性」「再現性」「法則性」などの科学的条件を備えたものは無かったと言っても過言ではありませんでした。

しかし、「体主霊従から霊主体従への転換」と言われている今日、この時代的な要請に応えて精神的・霊的な面でも科学性を有した哲理が出現しているのです。それが本書で紹介しています命波学＝光透波理論なのです。

精神科学性をもった哲理こそ光透波理論

今まで幾つもの字割解説の図解をご覧になった読者の皆様は、何故か腑に落ち、納得し、目からウロコのような内容に、反論できない真理性を感じ取られたものと思います。

実は光透波を学びますと、誰もが同じように文字の奥に秘められた宇宙の真理を読み解けるようになるのです。何故ならば小田野先生が4年4か月探求され続けて解き明かされた命波音76音の意味を読み解いた一覧表＝天鏡図（天を映し出す鏡の図）をベースに字割をすることによって、それが可能になっているからです。

科学の科学性たる所以《ゆえん》は再現性、実証性、論理性、法則性にあるとするならば、光透波の字割は正にそれに適合していると言えるのです。このような未だかつて無かった精神科学性を有した哲理が、古くから「言霊の幸はふ国」と言われてきた日本の言

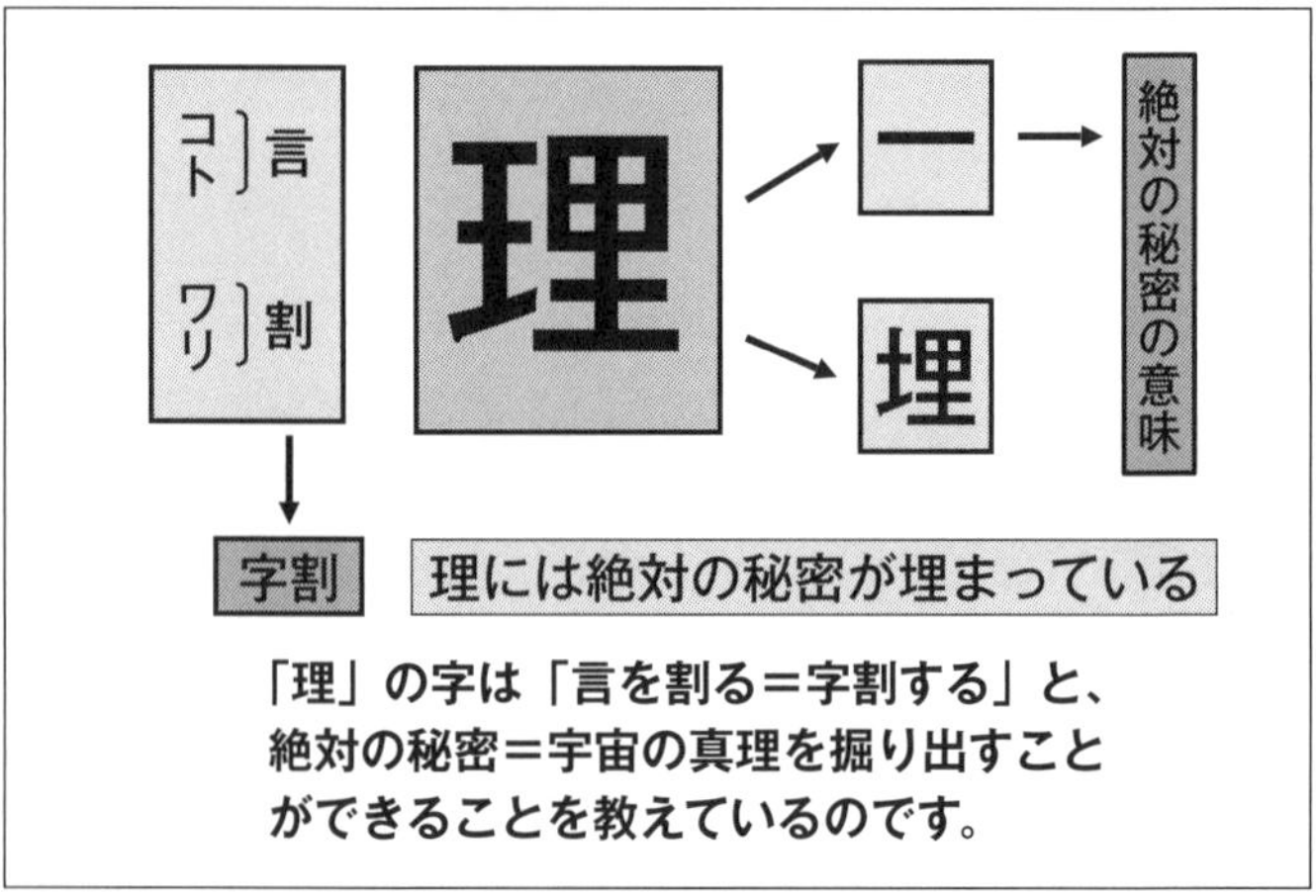
言
コト
割
ワリ
理
一
埋
絶対の秘密の意味
字割
理には絶対の秘密が埋まっている
「理」の字は「言を割る＝字割する」と、
絶対の秘密＝宇宙の真理を掘り出すこと
ができることを教えているのです。

図版41

葉文化の中から、光透波理論として出現しているのです。

急がれる霊性への回帰、光透波はその道標

偏物質思考に流されて、宇宙の真理から逸脱して破滅の道を歩んでいる人類は、一刻も早く精神的に目覚め、宇宙の法則に順じてゆく必要があるのです。物・金・エゴ中心の唯物的な生き方から、「令和」の年号が示す「霊和」、霊性に目覚め、霊体一致の人間本来の生き方に戻ることが求められているということです。

霊性に目覚めるとは闇の時代から光の

時代へ転換することでもあります。夜から昼の時代への扉が開いてゆくということであり、日本神道で語られてきた岩戸が開かれるということです。岩戸→イワト→言戸→言答が開かれる。

すなわち世界にある6500以上の言語の中で唯一、母音中心の言語であり、本家筋の言語である日本語の一文字一文字の奥に秘められた真理に気付くことにより、それが可能になってくるのです。その新しい転換の時代の生き方、指導理法が、私たちが普段使っている日本語の奥に脈打っているということです。

この「言葉」の究極の哲理が、文字の言霊学＝光透波（コトハ）理論＝命波学なのです。「論より証拠」、本書で数々紹介してきましたように光透波の字割によって、見えない世界がリアルに解読できるようになっているのです（図版41）。

宇宙に繋がる「光」の「透」明な「波」動＝光透波こそ「光の言葉」であり、そこに物心調和・共存平和の新時代の哲理が開かれていることを、再度強調させていただく次第です。

終章

高次元宇宙人からのメッセージ

高次元の宇宙人から地球人類に降ろされた言葉に「私は光」、「私は愛」、「私は真実」の名言があります。

この至言に沿って、閃いたままに所感を記させていただきます。

私たちの本質は光そのものです。光に非ざるものは本来の私たちではないものなのです。

それらは闇であり、影に連なるものなのです。

影を信ずること勿《なか》れ。影を信じて歩めば、影→闇の世界に突入することになるのです。

光を信じて歩めば、光の人生が開かれるのです。光以外のものは、全て本来の私たちでないものなのです。

それらは全て、私たちが光の存在になるための学びであり、修行であり、錯覚であり、試練なのです。

それ故に、私たちは豪然として、不断に、光の道を歩むことが求められているのです。

光の道とは、光の言波、光の思考であり、光の波動です。一途に、光の言葉の実践道を歩むべし、ということなのです。

「我は光なり　我は愛なり　我は真実なり」この三つの真言に適合せざるものは、闇か、闇への誘《いざな》いと知るべし、ということです。

私たちの魂の底の底に鎮まれる創造主の分霊、その宇宙創造の主の本質は、光そのもの、光透波そのもの。

光透波　↓　光の言波　↓　言霊　↓　光の言葉へと展開するものなのです。

思い、思考、意識は現実化する。その思考を左右するものは言波なのです。意識・無意識を含めて、言葉によって思いは造られ、言葉によって意識は左右され、言葉によって行動が決められる。言葉によって境涯が決められているのです。

光の言波の実践は、全て大調和の道にて、愛を開き、健康を開き、豊かさを開き、発展の道へと繋がっているのです。

「私は光、私は愛、私は真実なり」

「光」・「愛」・「真実」を天鏡図に当てはめると、以下の深意（真意）に解せます。

・光　↓　ヒカリ　↓　秘　加　理　………秘められた力を露わす理（ことわり）

・愛　→　アイ　→　天　意　…………天の意（こころ）
・真実　→　シンジツ　→　詞云字通　…光透波により運ばれ宇宙の元素音に通じる
霊主体従の時代を迎えて、人々の「光」・「愛」・「真実」の生き方は、体主霊従の生き方と真逆になってゆくのです。

私たちの過去3千年間の足跡は、圧倒的にネガティブなことが多かった時代でした。その過去情報を根拠に生み出される「思考」に囚われた生き方から、これからは未来へ向けて誰もが自由に発することができる「光の言波中心」の生き方へ転換してゆくことを、本書では一貫して説き、提唱させていただいているのです。

何故なら、そこに霊性主体のこれからの時代に人類の歩む道があるからです。

まとめ

この宇宙の一切は波動によって成り立っています。

宇宙は波動の法則によって、森羅万象が生成流転しているのです。

言葉は音であり、音は波動であり、波動によって全てが成り立っている。

聖書に「初めに言葉ありき、言葉は神と共にあった。言葉は神なりき、全ては言葉によって成った。……」とあるように、宇宙の一切万有は初発の言波によって生み出されていることが説かれています。

唯物的な思考や常識に囚われている人には理解できないでしょうが、冷静に霊的な視点で捉えると、この聖書の言葉は凄いことを説いていることが理解できるのです。

周知のように波動の様態と種類は無限にあります。

その無限無数の波動の中で最小最強の究極の波動が、光さえも透明にさせてしまう「C∞＝光速の無限乗」のトップスピードの光透波なのです。

光透波↓コトハ↓言波↓言葉に繋がっているのです。

音＝OTO↓（15＋20＋15＝50）、この50音の音霊こそ、究極の波動であり、この光透波（コトハ）によって人も地球も太陽も宇宙も生成流転している。それが宇宙の実態・真相なのです。

元素音＝50音の一音一音には、それぞれ宇宙の法則通りの働きがあり、エネルギーがあり、意味があるのです。このことをものの見事に読み解かれて映し出しているものが、光透波を啓かれた小田野早秧先生が断食すれすれの探求生活を4年4か月にわたって送り、纏め上げられた天鏡図なのです。

この「天を映す鏡の図」を意味する天鏡図こそ、精神科学の最高峰であると光透波学徒は確信しています。

光透波理論＝命波学はこれからの時代の人類の道標《みちしるべ》となるものであり、個々人の覚醒と幸福をもたらすものであり、大きくは人類の真の幸福と永遠の発展を導く哲理でもあるのです。

それは宇宙意識により降ろされた情報を、人祖の人々の鋭い感応作用によってキャッチされ、一文字一文字の文字、一言一言のコトハは生まれているからです。

とりわけ言霊の幸はふ国と言い伝えられて来た日本語の中に、それが脈々と受け継がれ秘められていたのです。

それを読み解いている哲理が光透波理論と言えるのです。

おわりに

冷静に時の流れを直視しますと、人類が過去3千年間わたって歩んできた時代は、歴史が雄弁に物語るように対立・抗争・弱肉強食の暗黒の夜の時代でした。

21世紀を迎え、アセンションの時代に入っているにもかかわらず、未だに殆どの人たちは物・金・エゴ中心の価値観、表現を変えれば物質中心の考え方に囚われて、目に見えない霊性面をないがしろにして生きています。

そのため物心の不調和をきたし、人類は絶滅の凶器・原水爆やミサイル等の恐ろしい兵器を開発・拡大させ、さらに地球資源や広大な森林の伐採などの乱開発で環境を破壊し、大気や海洋や大地を汚染させ自身の生存を脅かすに至っているのです。

そして、ウクライナやパレスチナを始め世界の各地でいつ果てることなく戦争・紛争・対立を起こし続けています。もし大国の指導者の錯誤で核のボタンが押されれば、人類は100％絶滅する危機に直面しているのです。

何故にこのように狂った時代を生み出しているのでしょうか、考えたことがあるでしょうか？　確かに人類は自らの向上発展のために様々な宗教・哲学・科学、さらに主義・思想、倫理道徳を生み出し、懸命に救いの道を摑もうと努力してきたことは事実でありましょう。しかしそれらの中に闇（エゴの心）が紛れ込み、宗教は醜教、哲学は鉄学（武器の意味）の一面を、科学は禍学の一面を宿していったのです。今日、人類を導いている政治学・経済学・社会学・医学・倫理道徳、ｅｔｃ．は、これらの宗教・哲学・科学をベースに生み出されており、それ故に何一つ解決の道を見い出すことができない混乱状態に陥っているのです。

本書は拙著『光の言葉で原点回帰』の姉妹編であり、光の言葉の活用、実践論でもあります。また読まれてお気付きになられたと思いますが、一貫して流れる主張は人類の救いの道としての言葉の活用。言葉↓コトハ↓「光透波」であることを広くお伝えしています。
そして、これからの時代、人類が共存共生するキーワードが日本語であること、日本語は世界の言語の中で最も天のご意図・真理を読み解くことができる言葉であることを詳述しております。

日本人の日本人たる所以の根幹は日本語にあるのです。母音中心の和の波動に満ちた日本語を使うことによって、人と人、人と自然、人と宇宙が共振共鳴して大和心が育まれてゆくからです。人類の救いの道は光の言波の波動を広げる以外に残されていません。

そしてそのベースとなる言語が古来から「言霊の幸はふ国」と言われてきている日本の国の言葉なのです。日本語のもつ世界的な役割に目覚め、私たちは日本語の醸し出す調和の波動を広く大きく押し進めてゆくことが求められているのです。

言葉の乱れが波動の乱れ、波動の乱れが心の乱れに、心の乱れが世の乱れに繋がっているのですから、ウソ・デタラメ、策略的な言葉、波動の荒い粗暴で破壊的な言葉を乱用している今日の狂った言葉文化を正すべく、光の言葉のエネルギーを発信し、その波紋を高く大きく広めてゆく必要性があるのです。

これから巷で言われるトランプ革命、霊主体従のアセンションの時代に切り替わってゆくにしたがい、世界の政治・経済・社会、ｅｔｃ．の全てにわたり崩れて行くことが必至と理解しております。その時、人々は必ずや「進むべき道が何処にあるか？」と救いの光を探し、求めるようになってゆきましょう。

ニッチもサッチもいかなくなったときは、原点に回帰して再スタートする必要があるのです。その原点とは？「初めに言葉ありき……」と聖書に記されてありますように言葉にかかっていると考えられます。言葉→こころ→波動、波動の善し悪しによって人類の未来は決まってゆく……。

始めに言葉、始めに波動、始めに光透波が宇宙の真理であります。原点回帰の道は言葉ですから、そのようになることは必定のことなのです。

本書執筆にあたり光の言波の同志である新井慎一氏を始め、多くの方々のお力添えをいただいております。医学博士の長堀優先生には身に余る「推薦のことば」を寄稿していただきました。

そしてこの本を発行するにあたりヒカルランドの石井健資社長と真名子漢氏のご理解とご支援をいただきましたことを心よりお礼申し上げます。

このように諸先生方のお力添えにより本書が世に出ることになったのも、その奥には不思議な目に見えない宇宙のご意図があったればこそと理解しております。ここに深甚なる感謝の意を捧げまして「おわりのことば」とさせていただきます。

宿谷直晃

宿谷直晃　しゅくや　なおあき
昭和16年、東京に生まれる。若いころから求道の心を持ち神の実在を探究する。

平成13年に国立筑波大学教授の一二三朋子先生の著書『神誥記』に出合い、「コトバを正すことが世の浄化に必要不可欠である」ことを知る。

また、日月神示で説く「建替え建直し」のポイントが言葉であると確信し、その道が何処にあるかと模索する。

平成17年秋に光透波を啓かれた小田野早秧先生の直弟子・磯部賢一氏に出会い、コトバの神性を解明する「光透波」に共感共鳴する。

光透波を堀尾泉實氏・磯部賢一氏に学ぶとともに、文字の言霊学・光透波の普及に努め、講演活動にも携わる。

「光の言波・真理教室」を主宰。


平成25年９月『言霊《光透波》の世界』を磯部氏と共著でヒカルランドから出版。

平成29年７月『《光透波理論》の全貌』をともはつよし社から出版。

平成30年９月『光の言葉で原点回帰』をでくのぼう出版から出版。

令和２年５月『【コロナ】大いなる宇宙の意図』をヒカルランドから出版。

日本語の「言霊」パワーと光透波エネルギー
幸せになる光の言波

第一刷　2024年6月30日

著者　宿谷直晃

発行人　石井健資

発行所　株式会社ヒカルランド
〒162-0821　東京都新宿区津久戸町3-11　TH1ビル6F
電話　03-6265-0852　ファックス　03-6265-0853
http://www.hikaruland.co.jp　info@hikaruland.co.jp

振替　00180-8-496587

本文・カバー・製本　中央精版印刷株式会社

DTP　株式会社キャップス

編集担当　Manapin

ISBN978-4-86742-364-6

本といっしょに楽しむ イッテル♥ Goods&Life ヒカルランド

多周波数の調和で身体と心にハーモニーを

多周波数による「多共振」により、身体の各部位に共鳴して作用

人体は「電気」によって動いていて、物体に特有の「振動」、その振動の「周波数」、周波数の「周期」・「波長」が波動となって、電子、原子レベルにまで影響を与えています。私たちの身体の神経経路を流れる電気信号は、細胞一つ一つから臓器のそれぞれまで影響しあっていて、これらのコミュニケーションがバランスを崩すと、健康とはいえない状態になると言われています。WAVE発生器は多周波数による「多共振」により、身体の各部位に共鳴して作用します。フォトンメガ・ウェーブは2000種類、フォトンギガ・ウェーブは6000種類の周波数が封じ込められていて、身体のあらゆる部位をニュートラル（本来の姿）へと導きます。また、メビウスコイルが内蔵され「ゼロ磁場」を作り出しており、部屋の中に置くだけで、場をイヤシロチ（快適で心地よい空間）にし、集中力アップや、瞑想、リラクゼーションを深めるように促します。最近話題のヒーリング機器、フォトンビーム、ピュアレイに使われているテクノロジーも秘かに加えてあります。

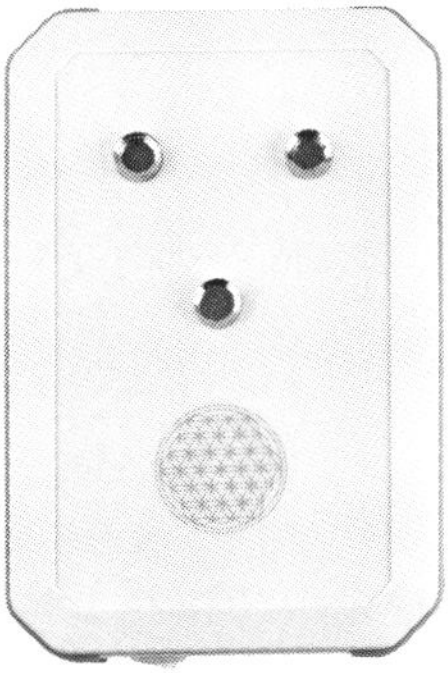

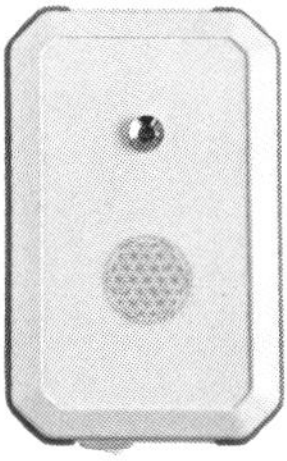

フォトンギガ WAVE

220,000円（税込）

幅 130㎜×長さ 180㎜×厚さ 30㎜

フォトンメガ WAVE

90,000円（税込）

幅 85㎜×長さ 115㎜×厚さ 15㎜

ご注文はヒカルランドパークまで TEL03-5225-2671　https://www.hikaruland.co.jp/

＊ご案内の価格、その他情報は発行日時点のものとなります。